KB269875

How To Get Point

남보다
쉽고 빠르게
일하는

요령

쓰루노 미쓰시게 지음
이가연 옮김

시간과공간사

남보다 **쉽고 빠르게** 일하는

요령

남보다 **쉽고 빠르게** 일하는

요령

쓰루노 미쓰시게 지음
이가연 옮김

초판 인쇄	2004년 9월 20일
초판 발행	2004년 9월 25일
펴낸곳	시간과공간사
등록	1988년 11월 16일(제1-835호)
펴낸이	임재원
마케팅	이종호
기획 · 편집	김소정
편집	오은정

ISBN **89-7142-165-7** 03320

서울시 마포구 신수동 340-1(201호) 우편번호 121-856
전화 3272-4546~8 팩스 3272-4549
이메일 tnsbook@empal.com

누구나 요령 좋은 사람이 되고 싶다

"저 사람은 요령이 좋아."라는 말은 일반적으로 부정적인 느낌을 많이 풍긴다. 어딘지 모르게 '교활하다'든지 '꾀를 부린다'는 의미로 들리기 때문이다.

그러나 이러한 부정적인 이미지는 많은 사람들이 '요령이 좋은 사람'에게서 느끼는 부러움이나 질투의 또 다른 표현은 아닐까? 너나 할 것 없이 누구나 요령 있게 일하고 싶어 하는데, 굳이 '요령이 좋다'는 말을 나쁜 의미로 받아들일 필요가 있을까?

현대는 급속히 변화하고 있다. 눈이 어지러울 정도로

쏟아지는 온갖 최신 정보를 남보다 빨리 입수해서 활용하지 않으면 살아남지 못한다. 쉴 새 없이 들어오는 이메일과 계속되는 회의 때문에 여유를 갖고 생각할 시간을 갖기가 쉽지 않다. 1분 1초에도 쫓기면서 살아가야만 하는 세상이 된 것이다.

그 뿐만이 아니다. IT 인프라가 폭넓게 보급된 결과 이제는 장소에 구애받지 않고 언제 어디서나 일할 수 있는 환경이 조성됨으로써 결과적으로 일의 양은 더욱 증가추세를 보이고 있다. 따라서 이러한 상황에서 무엇보다 필요한 것은 '요령'으로 효율적인 일 처리에 있어 요령만큼 중요한 것은 없다. 요령이 부족하면 모든 일을 순조롭게 진행하기가 어렵게 된 것이다. 그러고 보면 이제 요령은 현대를 살아가는 '비즈니스맨'이 반드시 습득해야 하는 기본적이고 중요한 비즈니스 기술 가운데 하나로 자리 잡았다고 할 수 있다.

일찍이 나 자신도 좀더 요령 좋게 일하고 싶다는 간절한 희망을 갖고 있었다. 나는 영국의 일본대사관에서 본격적인 업무 경력을 쌓기 시작했는데 주로 영국 각료나 황실관계자, 대사 등 요인들과 접촉하는 업무를 담당했다. G8 서미트를 포함한 국제회의와 요인들의 스케줄을 관리하고, 호텔을 예약하거나 차를 대기시키며, 방문 장소로 안내하는 등 체류 일정을 순조롭게 진행시키는 것이 내게 맡겨진 주된 소임이었다. 그런데 업무 특성상 갑작스럽게 스케줄이 변경되거나 여러 가지 예기치 못한 사태가 자주 일어나 그때마다 임기응변으로 신속히 대처해야 했고 현지 경찰이나 공항, 항공사 등과도 특수한 업무 협의가 필요할 때가 의외로 많았다. 하지만 낯선 환경과 언어 때문에 능수능란하게 일처리를 할 수 없어 고생이 이만 저만이 아니었다. 그래도 여러 가지 어려움 속에서도 100여 명이 넘는 국회의원을 포함한 수많은 VIP들과 접촉하는 일련의 업무를 통해 일에 대한 노하우를 상당히 쌓았고, 임기가 끝날 즈음에는 어떤 어려운 요구가 있더라도 차질 없이 처리할 수 있다는 일에 대한 자신감으로 충만했다.

그러나 돌이켜 보면 나에게 요령이 절실히 필요했던 시기는 뉴욕에서의 대학원 유학 시절이 아니었나 싶다. 당시에는 산더미 같은 자료를 매일같이 읽고 소화해야 했고, 일반 수업이나 그룹 스터디 등에서도 평범한 방법으로는 완성하기 힘든 과제들이 주어졌다. 영어가 모국어인 미국 학생들에게조차 보통 일이 아니었는데 이방

인인 나는 어떠했겠는가? 아무리 힘들여 노력한다고 해도 그 많은 과제들을 매일 차질 없이 감당하기란 너무도 벅찼다. 특별한 대책을 세우지 않으면 안 될 상황에 이르렀던 것이다.

결국 나는 '아무리 성실하게 노력해도 그것만으로는 결코 좋은 결과를 내지 못한다'는 사실을 깨달았다. 그것은 나에게 아주 긍정적으로 작용했으며, 나의 인생에 커다란 전기를 제공하였다. 제한된 시간 안에 어떻게 하면 일의 성과를 최대한으로 이끌어 낼 수 있을지 진지하게 숙고하는 계기가 되었기 때문이다.

고민에 고민을 거듭한 결과 내가 마지막으로 얻어낸 결론은 '확고한 목적의식으로 가능한 한 에너지와 수고를 덜어 주는 방향으로 일을 추진해야 한다.'는 것이었다. 나는 이렇게 실행하지 못하면 결코 일의 바람직한 성과는 기대할 수 없다고 생각했다. 그리고 그것이 바로 '요령'이었다.

'어떻게 하면 일을 요령 있게 할 수 있을까?'라고 생각하는 동안 나는 의외로 주위에 요령이 좋은 사람들이 많다는 사실을 알게 되었고 이는 나에게 커다란 행운이었다. 그들을 항상 예의주시하고 관찰한 나는 그들에게서

 남보다 쉽고 빠르게 일하는 요령

공통된 몇 가지 특징을 발견했기 때문이다.

본서에서는 더 요령이 좋은(순수한 의미에서) 사람이 되고자 하는 독자들을 위해 '가능한 한 적은 노력으로도 커다란 효과를 낼 수 있는 포인트'를 소개했다. 2장과 3장에서는 '사고'와 '행동'이라는 관점에서 총 7가지 원칙을 제시했고, 중요한 내용이기는 하지만 이 7가지 원칙에서 다루지 못한 부분은 4장과 5장에 정리했다. 처음 맡은 일이라도 자신이 주체적으로 관리하면서 처리하여 단시간 내에 만족스러운 결과를 거두어 인정받고, 경력 관리 면에서 요령을 살려 나가는 방법에 특히 주안점을 두었다. 나 역시 더 요령 있게 일을 처리할 수 있는 방법을 지금도 끊임없이 연구하고 있는 중이기 때문에 본문에서도 가능한 한 나 자신이 최근에 실제로 경험한 것들을 그대로 하나의 사례로서 인용하고자 노력했다.

자신이 희망하는 경력을 쌓으려면

본서의 목적은 당신이 시간당 소화해 낼 수 있는 일의 양을 착실히 늘려 나가고, 일처리 솜씨에 대해 주위에서 높은 평가를 받음으로써 종전보다 더욱 즐거운 마음으로 일하며 경력을 쌓을 수 있도록 도움을 주고자 하는 것이다.

요령이 좋은 사람이 되려는 것은 일부러 수고를 아껴가면서 일을 한다거나 손쉽게 돈을 벌기 위해서가 아니다. 오히려 그 반대로, 최소한의 노력과 시간으로 최대한의 성과와 평가를 얻고 그것을 계기로 더 큰 기회를 포착함으로써 더욱 도전적이며 자극적인 일을 즐기기 위해서다.

주변을 보면 현재 자신의 일이나 직장에 불만이 있거나, 종전과 다른 새로운 분야에서 새로 일을 시작하고자 희망하는 사람들은 많은 반면, 평소 그에 대한 준비를 하는 사람은 놀라울 정도로 적은 것을 알 수 있다. 그래서 그 이유를 물으면 대부분의 사람들은 한결 같이 "바쁘니까요."라고 말한다. 본서는 이처럼 바쁜 사람들이 '요령의 장점'을 습득하도록 그 방법을 정리해 놓았다.

어쩌면 요령이 좋아지는 것 자체는 일의 효율성이 조금 향상되는 정도일지 모른다. 그러나 여기서 제시하는 중요한 요지는 '시키는 일을 억지로 한다'든지 '일에 쫓기고 있다'는 의식에서 벗어나 스스로 자기 일을 컨트롤할 수 있도록 자신만의 요령을 만들어 보자는 것이다.

요령은 '어떻게 하면 즐겁게 생활하고 일할 수 있을까?'
라는 생각에서 출발하여 그 방법을 모색해 보는 작은 탐
구다. 요령은 당신이 자신의 창조성을 백 퍼센트 발휘하
여 제한된 시간 안에 기대 이상의 성과를 올리도록 함으
로써 높은 평가를 받고 자신이 좋아하는 일을 할 수 있게
해준다. 또 이로 말미암아 생긴 여유 시간을 보다 효율적
으로 활용하면 날마다 더 충실하게 생활할 수 있다.

이 책이 여러분의 일과 생활에 긍정적인 변화를 가져
오는 데 작은 '힌트'가 된다면 나에겐 더없이 큰 기쁨이
될 것이다.

쓰루노 미쓰시게

C·O·N·T·E·N·T·S

제1장 '요령이 좋다'는 말은 칭찬

'요령이 좋다'는 말의 나쁜 이미지를 버리자_21
'요령'이란?_22
왜 마이너스 이미지를 띠는가?_25
요령의 가치를 재평가하자_26

요령이 요구되는 시대가 되었다_28
'요령이 나쁘다'는 것은 치명적인 실패요인_28
요령이 좋은 사람에게는 기회의 시대다_30
요령을 무기로 삼자_32

단지 요령만 좋아서는 안 된다_36
좋은 요령과 일처리 능력은 다르다_36
'요령이 좋은' 것과 '일을 잘 하는' 것은 별개다_39
생략해도 문제가 생기지 않도록 신중하라_41
목적의식이 없으면 요령이 좋은 것은 단순한 잔꾀로 간주된다_43

'성과를 위한 일'과 '평가를 위한 일'을 구별하자_47
성공체험에서 요령을 배워라_47
'성과를 위한 일'과 '평가를 위한 일'_49
성과를 원하면 주문에 맞추고 평가를 원하면 기대를 뛰어넘어라_51
부탁 받은 일 가운데 기회가 있다/ 상사의 제안은 그 자리에서 가능성을 가늠하라
언제나 당신이 일하는 태도를 지켜보는 사람이 있다_58

제2장 요령을 터득하기 위한 사고의 3원칙

목표는 심사숙고해서 결정하고 성과는 손쉽게 이루어 내라_63
가장 먼저 할 일은 목표를 정하는 일이다

목표를 정하는 방법과 달성하는 방법_64
목표와 꿈은 소원과 다르다/ 컨트롤할 수 없는 일로 고민하지 말고 컨트롤할 수 있는 일을 늘리려고 노력하라/ 진전이 있는 목표를 세워라/ 목표에는 반드시 마감시간을 두자/ 필요한 '노력의 양'은 처음에 확인하라

'생략'으로 새로운 시간을 버는 방법_79
'생략'은 중요한 요점 외에는 버리는 결단력이다/ 포인트를 세 가지로 좁혀라/ 반복 작업은 방법을 바꾸려고 노력하라/ 완성하기 전에 보고하라/ 다음 시합에 나갈 수 있는 체력을 남겨 두자/ '이것만 하면 끝'이라는 항목을 정하자/ 상사에게도 일을 시키자/ 회의의 끝부분에서 주도권을 잡아라/ 가능하면 즉석에서 일을 매듭지어라/ 상대방의 기대치를 낮추어라

타인의 시점에서 자신을 컨트롤하라_98
자신을 객관적으로 볼 수 있다면 기회는 내 것이 된다_98
함께 일하는 동료의 역할을 파악하라/ 시간과 능력을 확인하라/ 시간이 부족할 때일수록 경험을 활용하라/ 상사와 동료의 스케줄을 파악하라/ 상사의 역할을 생각하라/ 회사에서의 자신의 부가가치를 인식하자/ 자신의 부가가치를 파악한 뒤엔 자신이 내세우려는 '간판'을 내걸어라/ 말 뒤에 숨겨진 의도를 읽어라

어떻게 하면 남을 놀라게 할지 생각하라_117
'놀라움'이 당신을 세일즈하는 계기가 된다_117
자신의 능력을 효과적으로 드러내려면/ 만족은 기본, 놀라게 만들자/ 일에서 '놀라움'을 이끌어 내는 법

제3장 요령을 터득하기 위한 행동의 4원칙

'분산력'으로 정보와 법칙성을 수집하라_135

정보수집에 필요한 '분산력'이란?/ 부임한 지 일주일 동안은 무슨 이야기든 주워들어라/ 메일매거진은 지식의 단서를 전달한다/ 업계 네트워크에 참가하라/ 구인정보는 정보의 보고/ IT업계 전문가들이 활용하는 컴퓨터 정보관리술/ 키워드로 정보를 알아낼 사람을 찾는다

유언실행과 정보발신을 습관화하자_155

기업은 시간 관리에서 성과 관리의 시대로/ 정보를 발신하지 않으면 주목도 이해도 받지 못한다/ 모든 일은 교섭하기 나름/ '유언실행'으로 일의 성과를 높이자/ 자리이동을 원하면 상담하기보다는 적극적으로 요구하라/ 기회를 잡기 위해 부지런히 성과를 보고하라/ 실패가 예상되면 마감 전에 보고해서 최악의 사태를 피하라/ 얼굴을 보여 주지 않는 사람은 신용을 얻기 힘들다

준비와 예측을 거르지 말자_178

요령 있게 준비하는 방법은?/ 일어날 수 있는 사태를 가정하자/ 회의를 시작하기 전까지 결론의 80퍼센트를 정하라/ 기회를 깨닫기 위한 3가지 포인트

애교 하나로 요령에 차이가 생긴다_193

애교는 약점을 만회한다/ 상대가 기쁘게 일을 맡도록 부탁하는 방법/ 웃는 얼굴로 머리를 숙이자

제4장 요령 있게 일을 추진하기 위한 3가지 포인트

일의 순서를 파악하라_207

전체 그림을 파악하라_207

이 일이 장래에 어떤 도움이 될지 생각해 본다/ 시점을 바꾸어 생각해 본다/ '성과 관리' 관점에서 전체를 본다

목표를 설정하라_214
자신이 서투른 분야를 인식하라_216
'동향'을 조사하라_218

패턴화해서 생각하라_221

다른 분야의 원칙과 법칙을 적용해서 생각하라_221
예전에 성공한 방법에서 에센스를 추출하라_224
잠시 상황을 지켜보며 흐름을 이해하라_227

불필요한 일은 하지 마라_230

주체적으로 일하려면_230
'평가를 위한 일'부터 먼저 하라_231
역제안을 하라_232
금방 끝나는 잡무는 자발적으로 해치우는 것도 방법이다_234

제5장 요령은 갈수록 더 좋아진다

당신은 왜 요령이 없을까?_241
서투른 분야에서 남과 비교해도 요령은 좋아지지 않는다_242
요령이 나쁜 것을 핑계 삼고 있지 않는가?_244
스스로 요령이 나빠지게 하고 있지 않는가?_245
요령이 나쁜 사람과 일하게 되어 자기까지 요령이 나빠질 것 같을
때_247

일하는 요령에 대해 알아 두어야 할 것_250
'타율'을 노릴 것인가, '비거리'를 노릴 것인가_250
즉시 하지 않으면 가치는 반감한다_254
서투름은 감추고 장점을 살려라_256
부탁 받은 일은 요구 사항을 살펴라_257
시간이 있기 때문에 요령이 나빠진다_259
완벽을 추구하기보다는 횟수로 승부하라_265
남에게 너무 많이 기대하지 마라_270

요령이 좋은 사람의 방법을 따라 하라_272
요령이 좋은 사람은 믿음직스럽다_272
요령이 좋은 사람은 지적 자극이 충만하다_274
요령은 꾀가 아니라 기회를 붙잡는 창조력이다_275

‘요령이 좋다’는 말은 좋은 뜻과 나쁜 뜻을 동시에 포함하는 말로 사용되어 왔다. 그런데 어지러울 만큼 상황이 빠르게 변하고 그 변화의 속도도 점점 가속화되는 현대에는 누구나 ‘요령 있는 사람’이 되고 싶어 한다. 지금이야말로 ‘요령’을 필수불가결한 비즈니스 기술 가운데 하나로 인식하고, 요령 있는 사람이 되려면 무엇을 갖추어야 할지를 생각해야 할 때인 것이다.

'요령이 좋다'는
말은 칭찬

'요령이 좋다'는 말의
나쁜 이미지를 버리자

만일 태어날 때부터 요령 좋은 사람이 따로 정해져 있다고 생각한다면 그것은 큰 착각이다. 요령은 태어나서부터 지금까지 수많은 시행착오를 거쳐 오랜 노력 끝에 얻어진 지혜로, 생활을 보다 편리하고 여유롭게 해주는 하나의 기술(노하우)이라고 할 수 있기 때문이다.

그런데 대부분의 사람들은 요령에 대해 좋지 않은 선입견을 갖고 있다. 하지만 당신이 진짜 요령이 좋은 사람이 되고 싶다면, 그래서 남들보다 일을 조금 더 쉽고 빠르게 끝내고 싶다면, '요령이 좋다'는 말에 대한 부정적인 이미지부터 씻어 내야 한다.

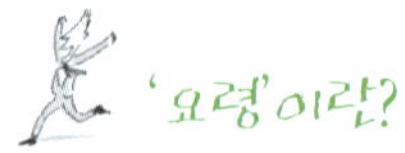

'요령이 좋다'는 말은 대체로 자신이 아닌 상대방을 표현할 때 사용한다. "그는 요령이 좋아."라는 말에는 칭찬의 의미도 있지만 '부럽다'거나 '좀 약았다'는 질투에 가까운 부정적인 뜻도 있다.

우리는 보통 어려운 일을 쉽고 빠르게 처리하거나 불가능해 보이는 일을 손쉽게 해결하는 사람을 보면 "저 사람은 요령이 참 좋단 말이야."라고 감탄하면서 그의 '요령 있음'을 좋게 평가한다. 그런데 '요령이 좋다'는 말은 '훌륭하다', '능력이 뛰어나다'와 같은 전면적인 칭찬은 아니다. 왜냐하면 '요령이 좋다'라는 말에는 상대의 능력이 돋보이기는 하지만 자신도 그에 못지않다는 스스로에 대한 위로도 약간 포함된 미묘한 심리상태를 담고 있기 때문이다. 이렇듯 '요령이 좋다'는 말을 어딘가 미심쩍은 칭찬으로 생각했다면 지금부터라도 그런 사고방식을

버리자. 지금은 '요령'의 가치를
재인식해야 할 때다.

'요령'이란 무엇일까? '요령'의
요(要)는 '핵심이나 중요한 부
분', 령(領)은 '깨닫다, 이해하다,
손에 넣다'를 뜻한다. 영어로
말하면 '요'는 point이며 '령'은

get이다. 일을 잘 처리하는 사람을 두고 "요령이 좋군
요."라고 말한다면, 요령이 나쁜 사람은 그렇지 못하다
는 결론이 나온다. 그래서 우리는 질문을 할 때도 그것
이 요점(point)에서 벗어났을 때는 '요령부득의 질문'이
라고 말한다.

요령은 핵심을 파악하고 거기에 집중한다는 뜻이지만
동시에 다른 것은 생략한다는 의미도 된다.

누구나 핵심을 파악하는 일이 중요하다는 사실은 알
지만 그 이외의 부분을 생략하는 일 역시 중요하다는 점
은 잘 모른다. 그런데 이 중요한 '생략'은 누구나 무의식
적으로 실천하고 있는 지혜다.

인간은 많은 정보가 주어져도 컴퓨터처럼 그 전부를
똑같이 이해하고 처리할 수 없다. 그래서 무의식중에 자

신의 안테나에 포착된 것만을 남기고 그렇지 못한 것은 무시한다. 서점에서 책 한 권을 고르기 위해 책 표지를 수십 개, 수백 개 훑어보지만 자신이 고르지 않은 책의 제목은 기억하지 못한다. 우리는 자신도 깨닫지 못하는 사이에 정보나 행동을 취사선택하고 있는 것이다.

때로는 의도적으로 생략하는 경우도 있다. 중요한 일이 있을 때는 다른 일은 뒤로 미루고, 바쁠 때는 수면시간을 줄인다. 또 스케줄이 겹치면 가장 우선순위가 높은 약속 이외에는 취소하거나 불참한다. 중요한 일에 집중하려고 중요성이 낮은 일은 뒤로 미루는 것이다.

동시에 모든 일을 처리할 수 있다면 좋겠지만 시간이나 능력 등 여러 가지 제약 때문에 어쩔 수 없이 생략하게 되는데 여기서 중요한 것은 생략이 필요하다는 사실을 자각하고 이해하며 받아들이는 일이다. 모든 일을 완벽하게 처리하려고 하는 사람은 어떤 일이 중요한지 제대로 판단하지 못하는 사람이라고 해도 과언이 아니다.

진정한 요령은 눈앞의 상황을 모면하기 위한 잔꾀가 아니라 무슨 일에나 통용되는 '방법'이다. "정말 요령이 좋으시네요."라는 말은 효과적으로 수고를 줄였다는 뜻으로 들린다. 틀리지는 않지만 수고를 줄이는 것은 요령

 남보다 쉽고 빠르게 일하는 요령

있게 일하는 여러 가지 '방법' 가운데 하나에 불과하다.

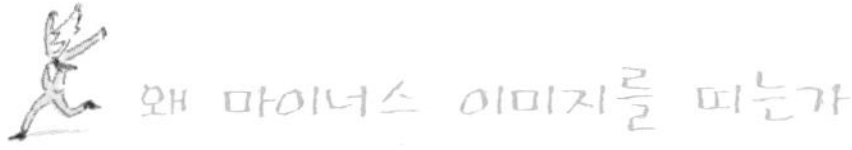

얼마 전까지 일본에서는 '간바리즘'('열심히 하다'
는 뜻의 일본어 '頑張る'(간바루)와 '주의, 설'을 뜻하는 영어 '-ism'이
결합된 말-역주)이라는 말이 유행했다. 일본인들은 '열심히
일하는 것'에 대해 무조건적으로 가치를 두고, 그것이
마치 일본문화를 대변하는 특징인 것처럼 간주하는 경
향마저 있다. 최근에는 많이 변했다고 하나 이 '열심 지
상주의'는 경제성장 달성을 위해 일본에서 공동체를 통
제하는 일종의 도덕으로서 기능해 왔다고 지적하는 사
람도 있다.

열심히 일하는 행위가 미덕인 문화에서 열심히 일하
지 않는 행위는 악이다. 요령 좋게 일하면 '뺀질거리는
것'으로 간주하고, '요령이 좋은 사람=열심히 일하지 않
는 사람'이라는 공식을 적용하여 부정적인 이미지로 받
아들이는 경우가 많았다.

그러나 일본에서는 90년대 후반부터 '열심히 일하지
않는 인생', '슬로 라이프(slow life)'와 같은 삶의 방식이 조

금씩 주목을 받기 시작했다. 이러한 움직임은 그 이전까지의 고도 경제 성장기에 열심히 일했던 세대의 풍조를 뒤집은 것이라고도 생각된다.

일본의 고도경제성장기와 버블경제 붕괴 이후의 시기를 비교해 보면 가치관은 '열심 지상주의'에서 '탈력(릴렉스) 지상주의'로 극단까지 가 버린 듯이 보인다. 양쪽 가치관 모두 시대의 흐름 속에서 지니는 나름의 의의는 이해할 수 있지만 가장 이상적인 것은 양쪽의 핵심을 적절히 절충한 '중용'의 사고다. 중용은 사고와 행동이 한 가지 상황에만 치우치지 않고 중립을 지키며 넘치거나 부족함이 없고 극단으로 치닫지 않는 것을 의미한다. 또한 여러 사상과 개념 속에서 핵심을 발견하고 그것을 실천하는 것을 "중용을 지킨다."라고 말하는데 이러한 사고방식은 '요령'이라는 주제와 일맥상통하는 면이 있다.

요령의 가치를 재평가하자

지금까지 우리 사회에서는 두 사람이 똑같은 성과를 냈을 때 단시간에 손쉽게 일을 끝마친 사람보다는 고생 끝에 성과를 이루어 낸 사람을 높이 평가하는

 남보다 쉽고 빠르게 일하는 요령

경향이 있었다. 이런 경향은 자칫하면 결과보다도 그 과정의 노력을 평가대상으로 삼는 것처럼 보인다.

실력주의, 성과주의를 점점 중요시하는 비즈니스 세계에서는 의무교육이나 연공서열처럼 정해진 시간에 달성하는 목표와 성과가 일률적이지 않다. 계속해서 기회를 만들어 자신을 성장시켜 나가는 사람과 방향을 못 잡고 좀처럼 전진하지 못하는 사람의 차이는 시간이 흐를수록 커지게 되어 있다.

이런 차이는 어디에서 올까? 나는 이 차이가 그 사람에게 요령이 있느냐 없느냐의 차이라고 생각한다. 이제는 요령에 대한 인식을 새롭게 바꾸고 진지하게 그것을 생각해 보아야 할 때이다.

요령이 요구되는 시대가 되었다

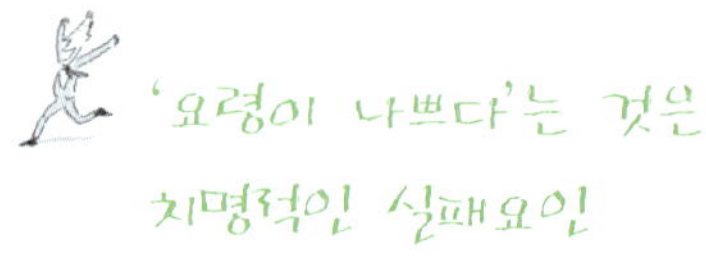

시대가 급속히 변화하고 정보와 일의 양이 급증하면서 요령은 필수불가결한 비즈니스 기술이 되었다. 이 시대가 제한된 시간 안에 최대의 성과를 올리는 요령 좋은 사람을 요구하고 있는 것이다.

승부는 제한된 시간 동안 어떻게 최고의 성과를 내느냐로 결정된다. 이미 '요령'은 사람의 인상을 표현하는 말이 아니라 중요한 비즈니스 기술이 되어 버린 것이다.

그런데 우리는 언제 이렇게 메일에 의존하게 되었을

까? 인터넷에서 메일 친구를 구하는 사람, 메일이라면 지긋지긋하다고 할 만큼 업무적으로 시달리는 사람, 각자 용도는 달라도 어느새 정신을 차리고 보면 일에서나 사생활에서나 메일은 꼭 필요한 도구가 되어 있다.

미국의 조사기관 IDC에 따르면, 전 세계의 하루 이메일 유통량이, 2000년에는 100억 통이었던 것이 2002년에는 310억 통에 이르렀고, 2006년에는 약 600억 통에 달할 것이라고 한다. 벌써 하루의 대부분을 메일교환으로 보내는 업무 방식도 생겨났다. 또한 휴가로 일주일 동안 자리를 비우고 돌아와 보면 메일이 수백 통 쌓여 있어 그것을 처리하는 데도 상당한 시간이 필요하다.

물론 모든 정보가 메일을 통해 전해지는 것은 아니다. 신문을 읽고, 회의를 하고, 상사로부터 직접 지시를 받고, 회람 서류를 이용하기도 한다. 또 많은 사람들과 정보를 교환하고, 사외 스터디 그룹에 나가고, 서점에서 새로운 방법론에 관한 해설서를 찾아보기도 한다. 우리는 매일 엄청난 정보의 홍수 속에서 살고 있다.

물론 일이 여기에서 그치는 것은 아니다. 자신에게 도착한 대량의 정보를 그냥 받아 보기만 해서는 안 된다. 그것을 이해한 뒤 일에 반영시키거나 어떤 형태로든 가공해서 활용해야 한다. 하지만 인간의 정보처리능력에는 한계가 있기 때문에 주어진 정보를 동일한 수준으로 이해하고 처리할 수 없다. 따라서 이런 상황에서는 문자 그대로 '요령 좋게' 일할 수밖에 없다.

요령이 좋은 사람에게는 기회의 시대다

여기서 잠깐 거꾸로 생각해 보자. 예를 들어, 많은 정보를 아주 손쉽게 처리하고 시간에 쫓기더라도 하고 싶은 일은 어떻게 해서든 처리해 내는 요령을 몸에 익혔다고 하자. 만일 그렇게 할 수만 있다면 우리는 무궁무진한 기회의 시대에 사는 것이 된다.

언론에서는 연일 높은 실업률과 장기 불황에 대해 보도한다. 과거와 비교해서 생각해 보면 지금은 상당히 살기 힘든 시대다. 하지만 종신고용이 전제가 되었던 시대에서 전직이 당연시 되는 시대로 바뀌면서 커리어

 남보다 쉽고 빠르게 일하는 요령

(직업, 경력)를 선택할 수 있는 폭이 크게 증가했다. 원했던 일이 실제로 생각했던 것과 다르거나, 회사 사정 때문에 뜻에 맞지 않는 일을 해야 하거나, 직종은 적성에 맞는데 지금 상사 밑에서는 생각만큼 능력을 발휘할 수 없을 때, 그럴 때는 회사 밖에서 새로운 기회를 찾아야 한다.

창업도 한 가지 방법이다. 창업하기 쉽도록 제도의 개혁도 진행 중이다. 일본에서는 2002년에 ‘중소기업 도전 지원법’이 공포되어 새로 창업하는 사람에게 주식회사의 경우 1천만 엔(약 1억 원)으로 된 최저자본금 규제를 5년간 면제해 주는 특례를 만들어 자본금 1엔으로도 법인 설립이 가능해졌다.

실업률은 낮을수록 좋다고 생각하지만 실업률이 너무 낮은 사회는 인재의 이동이 없는 경직된 사회다. 변화가 있는 곳에 기회도 있다. 직장을 옮기는 사람이 있어야 자리가 생겨서 경험이 적은 사람도 도전할 수 있는 기회가 생긴다. 심각하다고 말하는 현재의 실업률도 구미 나라들에 비하면 결코 높은 수치가 아니다.

더욱이 지금은 스스로 찾기만 하면 거의 모든 정보를 인터넷에서 얻을 수 있다. 관심이 가는 직업에 대해 알아보고 싶으면 그 직업에 종사하는 사람의 경험담을 읽어 보라. 생생한 현장 체험에서부터 불만사항에 이르기까지 모든 것을 알 수 있다.

또한 관심 있는 기업의 정보는 업계정보 웹사이트에서 입수할 수 있다. 인재등록 회사의 웹사이트에는 직종별 급여 수준이 그래프로 표시되어 있고, 기업별 특징도 정리되어 있다. 입사시험의 내용에 대해서는 관련 메일 링리스트나 게시판(BBS)에서 활발히 정보가 교환된다. 특히 컨설턴트와 같은 인기 직종은 필기시험 형식과 면접은 물론 개별 채용과정에 대한 자세한 정보까지 알 수 있다.

지금은 제한된 시간 속에서 얼마나 많은 정보를 수집하고 적절한 대책을 세울 수 있느냐가 관건이므로 승부를 결정하는 것은 바로 '요령'이다. 명확한 목표와 요령만 있다면 기회는 도처에 있다.

요령을 무기로 삼자

시대가 빠르게 변하고 그 속도도 가속화되면서 각 분야의 경쟁도 치열해지고 있다. 알기 쉽게 전자제품을 예로 들면, 90년대 전반까지만 해도 가전 신제품이 출시되면 경쟁기업이 기술을 모방하여 유사품을 출시하기까지 약 1년이라는 시간이 필요했다. 그런데 지금은 그 격차가 얼마나 단축되었을까? 반년? 초고속 인터넷 시대에 신선함은 발매 시기로부터 기껏해야 3개월이면 사라져 버린다.

이런 경향은 특히 성장 분야의 상품에서 현저하게 나타난다. 그 좋은 예로 컴퓨터는 상당한 고가품으로 예전에는 출시시기가 따로 정해져 있었지만 지금은 시기에 상관없이 신제품이 출시된다. 소비자도 구매한 지 2년쯤 지나면 멀쩡한 컴퓨터를 새 것으로 바꾸고 싶어 한다.

이와 반대로 TV와 같은 상품은 내구 주기가 훨씬 길어졌다. 기능면에서도 별반 차이가 없는데 차이라고 해봐야 기껏해야 화질이 나아졌다거나, 크기가 커졌다거나, 두께가 얇아진 정도이므로 TV를 2년마다 바꾸는 사람은 거의 없을 것이다.

이런 사실은 커리어에도 적용된다. 즉 성장시대를 사는 사람(이 책을 읽고 있는 당신이다!)들은 짧은 시간 동안 많은 정보를 받아들이고 다양한 경험을 하기 때문에 크게 성장할 수 있다. 성장하기 위한 요점을 파악하는 요령을 습득하여 인재로서 경쟁력을 높이면 시장가치가 올라가고 궁극적으로는 자신이 추구하는 커리어를 쌓을 수 있다.

바꿔 말하면, 세상이 젊다고 봐주는 동안 성장을 위한 노력을 게을리 하면 돌이킬 수 없는 실력의 차이로 크게 뒤처지게 된다. 그리고 변화가 가속화되는 시기이므로 한번 우위에 섰다고 해도 방심하면 금세 남들에게 역전당하게 된다.

앞서 커리어에 관한 선택의 폭이 넓어졌다고 말했는데 이 점은 채용하는 쪽에서도 마찬가지다. 정기적으로 인재를 모집하는 기업 담당자에게 물어 보면, 어떤 매체(신문, 잡지, 인터넷)에 채용광고를 내면 어떤 응모자가 대략 몇 명쯤이나 응시할지 경험으로 알 수 있다고 한다. 어느 유명 기업의 홍보부에서는 독자(응모자)의 수준이 높은 구인 잡지만을 골라 취재에 응한다는 이야기도 했다.

다시 말해 채용하는 쪽에서도 많은 응모자 가운데 정말로 원하는 인재를 선택할 수 있는 시대가 된 것이다. 이런 시대에 선택받는 사람이 되어 성공하려면 주어지는 대로 착실하게만 일하거나 독선적으로 일해서는 안 되며, 확실한 성과를 올려 인정받도록 자신만의 요령을 습득하여 자신을 돋보이게 해야 한다. 그래야 비로소 자신의 목표(커리어 플랜)를 실현할 수 있다.

앞으로 나에게 일어날 일 자체를 통제할 수는 없어도 경험에 바탕을 둔 생각과 행동으로 그 결과를 어느 정도 통제할 수는 있다. 당신의 요령 여하에 따라 자신의 미래를 유리하게 이끌 수 있다는 말이다.

단지 요령만
좋아서는 안 된다

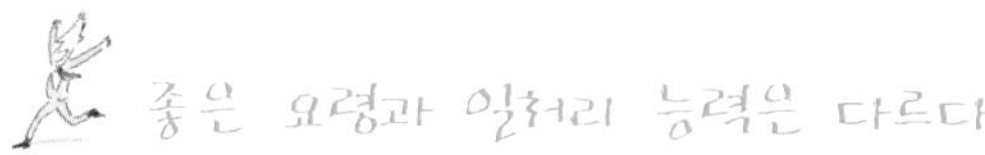

'프로젝트 매니지먼트'는 정해진 기간 안에 임무를 수행하기 위해 계획을 세우고 그 계획을 어떤 방식으로 추진할지를 철저히 관리하면서 프로젝트를 성공시키는 일이다.

최근의 수시채용 모집요강에는 '프로젝트 매니지먼트 경험이 있는 사람'이라는 문구가 자주 등장한다. 이것은 간단히 말하면 일처리가 확실한 사람을 원한다는 뜻이다. 그러나 모집요강에 '일처리 능력'이라고 기재하면 스스로 일처리 능력이 뛰어나다고 믿는 사람들은 모두 지

원할 것이므로 업무 프로세스 관리 경험이 있는 사람이라는 말을 그렇게 표현한 것이다.

인재 모집광고에서도 알 수 있듯이 일처리 능력은 그 사람의 성과에 직접적인 영향을 준다. 여기서 일처리를 잘하는 사람은 분명 요령도 좋은 사람이다. 하지만 요령이 좋다는 것이 단순히 일처리 능력이 뛰어남을 의미하지는 않는다.

독선적인 사람은 성공하지 못한다. 모든 일은 여러 사람과의 관계 속에서 성립되기 때문이다. 상사나 부하직원, 동료의 도움을 받아야 할 때도 있고 자신이 맡은 일을 끝내야만 다음 단계로 넘어갈 수 있을 때도 있다. 이처럼 일은 혼자서 완결 지을 수 있는 것이 아니다.

요령 좋게 일한다는 것은 중요한 일을 높은 수준으로 완성하는 것이며, 그러기 위해서 우선순위가 낮은 일은 과감히 생략해야 한다고 앞서 말했다. 그렇게 하려면 당신은 짚고 넘어가야 할 요소는 틀림없이 짚고 넘어가는 사람이라는 평가를 받으며 신용을 쌓아야 한다. 신용이 없는 사람에게는 누구도 일을 맡기지 않기 때문이다.

신용을 얻으려면 평소에 일을 통해 당신에 대한 평가

를 높여야 한다. 안정적으로 성과를 낼 수 있는 사람, 안심하고 일을 맡길 수 있는 사람이라는 인상을 심어 주어야 한다.

일에서는 커뮤니케이션이 중요한 구실을 한다. 어떤 생각을 하고 있는지 도무지 알 수 없는 사람에게는 일을 맡길 수 없다. 반면 사소한 진척 상황 하나라도 정확히 보고하는 사람은 상대를 안심시키고 신뢰감을 준다. 우리는 여기서 직장생활에서 일어나는 '보고, 연락, 상담'이라는 세 가지 커뮤니케이션 수단이 일에서 매우 중요하다는 사실을 알 수 있다.

그리고 앞으로 착수할 일을 어떤 식으로 끌고 나갈지 판단하는 능력도 필요하다. 올바른 판단을 내리려면 자신이 담당한 분야가 전체 속에서 어떤 의미와 가치가 있는지 이해하고, 다음 일과는 어떻게 연결시킬 수 있는지 생각해야 한다. 당신이 한 일에 대한 평가가 낮으면 두 번 다시 같은 일을 맡기지 않을 수도 있다.

일할 때 필요한 요령은 연습이 아닌 진지한 승부를 위한, 다양한 요소를 검토한 뒤에 유연하게 대처하기 위한 지적 창조력이다. 당신의 능력은 요령을 발휘하느냐 그렇지 못하느냐에 따라 달리 평가될 것이다.

 남보다 쉽고 빠르게 일하는 요령

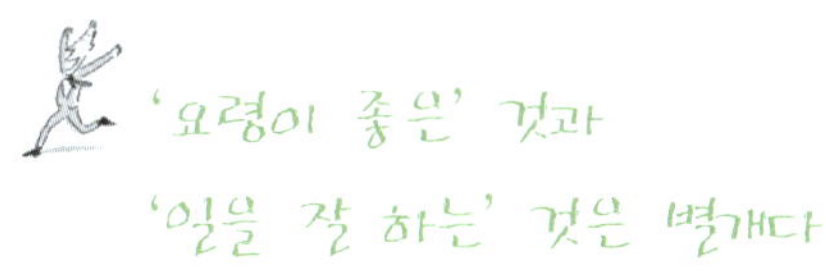

일을 요령 있게 하는 한 가지 ‘요령’은 가능한 한 거절을 ‘잘’ 하는 것이다.

애초에 요령 좋게 일하는 사람은 이미 평소에 자신이 할 수 있는 최대한의 일을 맡고 있으므로 한가할 겨를이 없다. 일은 바쁜 사람에게 몰리게 되어 있다. 모두들 그에게 일을 맡기면 단시간 안에 끝낼 가능성이 높다는 사실을 알고 있기 때문이다.

일을 하다 보면 종종 상사나 거래처 등이 명확한 목표를 말해 주지 않고 일을 지시하거나 의뢰할 때가 있다. 그래도 어쩔 수 없이 해야 하는 일도 있겠지만, 잘 이해되지 않는 부분이 있다면 즉시 물어보거나 정중히 거절해서 일을 지나치게 늘리지 않는 편이 현명하다.(거절하는 요령에 대해서는 제4장 230쪽 참고)

요령 좋게 일하려고 할 때 무엇보다 중요한 것은 시간이다. 그런데 시간은 절약할 수는 있어도 늘릴 수는 없다. 한정된 시간 속에서 우리는 일과 가정의 균형을 고려하고, 무리해도 좋은 한계를 판단하며, 커리어 플랜이

나 자신을 위한 투자를 계획하면서 일을 진행한다. 그런데 전략적인 의도나 방침이 없이 무작정 일을 늘리면 머지않아 몸에 무리를 느끼게 될 것임에 틀림없다.

요령이 좋다는 말은 한정된 시간 속에서 솜씨 좋게 맡은 일을 해내고, 하겠다고 마음먹은 일에서는 기대 이상의 결과를 거둔다는 뜻이다.

한편 "요령이 좋아요."라는 말은 주관적인 견해라고 할 수 있고, "일을 참 잘 하시네요."라는 말은 객관적인 견해로 자신의 일처리 방식에 대해 남들이 내리는 평가다. 자신은 일솜씨가 좋다고 생각하지만 남들의 평가는 그렇지 않은 사람이 있는데 그것은 그의 일처리 능력이 상대를 만족시킬 만한 수준에 도달하지 못했음을 의미한다.

'아, 오늘 정말 열심히 일했어!'라고 마음속으로 뿌듯해 하고 있는데, 갑자기 상사가 "내일은 제대로 해."라고 말할 수도 있다. 이처럼 자신의 평가와 남들의 평가 사이에는 차이가 있다. 그렇다면, 그 차이를 줄이기 위해서는 어떻게 해야 할까? '일 잘하는 사람'이 되는 지름길은 기대 이상의 결과를 낳는, '요령 좋은' 사람이 되는 것이다.

생략해도 문제가 생기지 않도록 신중하라

'요령'은 실현하려는 꿈과 명확한 커리어 플랜이 있을 때 비로소 그 가치를 발하는 기술이다. 목적 없는 요령은 단순한 '꾀부림'에 불과하다. 만약 "저 사람은 꾀만 부려."라는 꼬리표를 달게 되면 신용을 회복하는 데 상당한 노력을 들여야 한다. 아니, 노력을 한다고 해도 꼬리표를 쉽게 뗄 수 없다. 실속 없이 꾀만 부리는 사람을 간파하는 눈은 누구에게나 있다는 사실, 명심하자.

해 생략의 중요성을 확실히 이해해야 한다. 그런데 우선순위나 주력 분야가 없을 때 생략은 '단순한 꾀부림'이 되고, 자신은 '요령만' 좋은 사람이 된다.

요령만 좋은 사람은 일을 아무리 손쉽게 처리하더라도 일하는 자세를 지켜보는 주위 사람들로부터 신뢰를 얻지 못한다. 비즈니스 기술 가운데 하나인 요령을 발휘하는 목적은 생략 자체가 아니라, 목표를 향해 최선을 다하기 위해 중요도가 낮은 일을 정확히 가려내어 전체적인 생산성을 높이려는 것이다.

다시 말해 요령은 힘을 집중하고자 하는 분야에 본격적으로 착수하기 위해 그 이외의 분야는 수단으로 생략하는 것이다. 그러므로 늘 편한 것만 원하는 사람은 요령이 좋은 사람이라 할 수 없고, 누구도 그런 사람에게는 중요한 일을 맡기지 않을 것이다. 물론 생략할 때는 문제가 생기지 않도록 신중을 가해야 한다.

'이것은 제대로 해야지.'라고 마음먹은 일에서 높은 성과를 냈을 때 비로소 요령의 진가는 인정받는다. 요령을 잔꾀라고 간주하는 것은 큰 잘못이다.

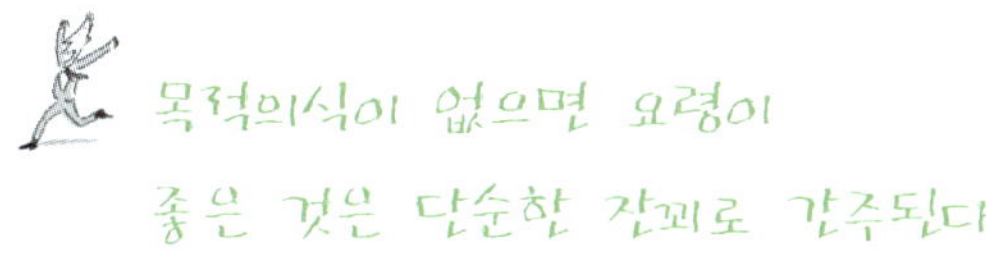

　　요령이 좋은 사람은 일을 빨리 끝내고 일의 결과에 대한 기대치도 만족시킨다. 그런데 요령 좋게 일을 해냈을 때 신뢰를 얻는 사람이 있는가 하면 그렇지 못한 사람도 있다. 그 차이는 일에 임하는 자세에서 발생한다.

　　신뢰를 얻는 사람은 목적의식이 뚜렷한 사람이다. 일을 통해 달성하려는 것은 무엇인지, 어떤 일을 하며 살고 싶은지, 어떤 방향을 향해 나아가고 있는지, 이런 질문에 확실한 답이 있는 사람이다. 이런 사람은 자기 자신에 대한 신뢰가 있고, 제삼자가 볼 때도 일관성 있고 신뢰할 수 있는 모습을 보인다.

　　반복해서 말하지만 요령의 좋고 나쁨은 결국 얼마나 효율적으로 생략하느냐의 문제다. 그리고 더욱 중요한 것은 요령은 자신이 정말로 원하며 실현하고자 하는 커리어 플랜이 있을 때 비로소 가치 있는 비즈니스 기술이 된다는 점이다. 힘을 쏟고자 하는 일에 집중하고, 이루고 싶은 일에는 필사적으로 매달리자. 그리고 그렇게 하

무조건 뛰는 게 능사는 아니지...
확실한 목적의식을 갖는 게 우선이야!

이 점은 일을 맡기는 사람의 위치에서 생각해 보면 더 분명해진다. '나라면 어떤 사람에게 일을 맡기고 싶을까?' 생각해 보는 것이다. 당신의 동료 중에서 누군가를 떠올려 보아도 좋다. 당신은 누구에게 일을 맡길 생각이며, 그 이유는 무엇인가?

목적의식을 가지고 요령 좋게 일하는 사람이라면, "이 사람은 분명히 내 일도 요령 좋게 해주겠지."라고 긍정적으로 평가해 일을 맡길 것이고, 단순히 잔꾀를 부리는 사람이라면 "아, 이 사람에게 맡기면 역시 잔꾀를 부리겠지."라고 걱정해 일을 부탁하고 싶지 않을 것이다. 이처럼 같은 '생략'이라도 주위에 주는 인상은 전혀 다르다.

　그리고 불필요한 일은 맡지 않는 것이 좋으므로 일을 맡지 못할 때는 그 이유를 설명하고 거절하자. 일을 억지로 떠맡는 상황은 되도록 피해야 한다. 그런데 모순되는 이야기 같지만, 누군가 일을 가지고 찾아와 주는 것은 기회로 이어지는 중요한 계기가 될 수도 있다. 일을 맡는 것이 능력을 인정받는 기회가 될 수 있으니 무조건 거절하지는 말라는 뜻이다. 처음에는 구별하기가 쉽지 않지만 거절해야 할 일과 맡아야 할 일을 정확히 판단하는 것도 중요한 요령 중 하나이다.

'성과를 위한 일'과 '평가를 위한 일'을 구별하자

자신이 요령이 없다고 생각하는 사람들 중에는 요령을 타고난 재능이나, 교정이 거의 불가능한 성격 문제로 생각하는 사람이 많은 것 같다. 그러나 그것은 명백한 오해다. 요령은 핵심을 분별하는 훈련과 시행착오를 반복함으로써 습득되는 기술이다.

누구나 새로운 일에 도전했을 때 요령 있게 잘 해내거나 성공한 경험이 있을 것이다. 그런 체험을 통해 요령을 터득하는 것인데 안타깝게도 많은 사람들이 그것을 '우연'이라고 생각하고 방치한다. 그런 사람들은 성공체험에 포함된 성공인자를 다른 상황에서 활용하지 못하고 자신도 깨닫지 못하는 사이에 같은 실패를 되풀이하면서 자신의 요령 없음만 한탄하고 고민한다.

'교훈'은 인생이나 사고에 도움이 되는 가르침이다. 체험을 통해 얻은 교훈을 표현할 때 '뼈아픈 교훈'이라는 말은 해도 '승리의 교훈'이라는 말은 하지 않는 것처럼 성공한 체험에는 '교훈'이라는 말을 쓰지 않는다.

그러나 꼭 뼈아픈 체험을 통해서만 교훈을 배우는 것은 아니다. 오히려 요령은 성공한 경험에서 성공을 이끈 기본 요인을 분석함으로써 연마되는 '사고'다. 성공을 이루었을 때는 '모든 조건이 갖추어졌기 때문에 성공했다'고 생각하지 말고 성공에 필요한 최소한의 요소가 무엇이었는지 파악하려는 자세를 가져야 한다. 성공한 경험에는 성공에 필요한 요인들이 모두 포함되어 있고 성공할 만한 명확한 이유가 있기 때문이다.

요령은 뚜렷한 의도 아래 전략적으로 채용하는 것이다. 누구나 시행착오를 반복하면서 끊임없이 노력해야만 자신만의 일의 스타일(요령)을 확립할 수 있다. 본서의 기본 의도는 자신이 꿈꾸는 커리어를 내 것으로 만들기 위해서 요령을 비즈니스 기술의 하나로 간주하고 자

 남보다 쉽고 빠르게 일하는 *요령*

기 자신을 확실히 관리하는 방법을 제시하려는 것이다. 요령을 좋게 한다는 말은 자신의 성과와 평가를 상황에 맡기지 않고 스스로 관리한다는 뜻이다.

주위에서 요령이 좋다고 인정받는 사람들에게는 공통적인 사고와 행동을 발견할 수 있다. 이는 직종이나 업종에 상관없이 똑같이 적용할 수 있는 '요령'이 있다는 말이다. 그렇다면 누구나 요령은 좋아질 수 있다.

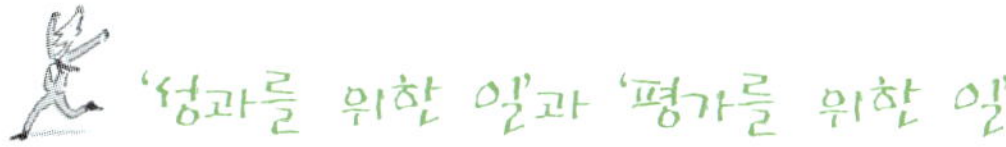

'성과를 위한 일'과 '평가를 위한 일'

요령 좋게 일하고 자신이 원하는 경력을 쌓기 위해서 꼭 알아 두어야 할 것이 있다. 바로 '성과를 위한 일'과 '평가를 위한 일'을 구별하는 일이다. 자신의 실력과 가능성을 인정받고 더 큰 기회를 잡기 위해서, 확실히 실적이 될 만한 경험을 쌓기 위해서 이 두 가지를 구별하는 일은 중요하다.

본인이 없는 곳에서 "저 사람은 시킨 일은 제대로 하는데 말이지."라는 말을 듣는 사람이 있다. 이유가 어찌되었건 그만큼 강한 인상을 남겼다는 뜻이지만 대부분 큰일을 맡거나 발탁되는 기회와는 별로 인연이 없는 사람일 것 같다.

　상사나 고객이 부탁한 대로만 일을 하면 고생을 했더라도 평균점 이상은 받을 수 없다. 이유는 간단하다. 상대방은 당신이 할 수 있다고 생각한 일만 부탁하기 때문이다. 그러므로 부탁받은 일을 '해내는 것은 당연하다'고 생각하는 것이다. 더 큰 문제는 이런 식으로 일하면 그 이상의 기회는 좀처럼 돌아오지 않는다는 데 있다. 또한 당연히 할 수 있다고 여겨지는 일만 하면 '성장하고 있다'는 실감을 얻지 못한다.

　자신이 더욱 성장하고 새로운 기회가 될 만한 일을 하기 위해서는 스스로 프로젝트를 기획하거나 신규 프로젝트 공모에 참가하는 것이 가장 좋은 방법이다. 물론 직종이나 조직의 상황에 따라 다르기 때문에 일률적으로 말할 수는 없지만 직종에 상관없이 단계적으로 중요한 일을 맡는 '기회를 잡는' 방법이 있다. 자신의 일을 평가하는 사람들에게서 "오, 꽤 쓸 만한 녀석인 걸."이라는 반응을 얻으면 된다.

　기회를 얻는 사람은 다른 직원으로 대체할 수 없는 사람이다. 일의 결과와 열의, 노력 등 그 사람만의 부가가치가 있다고 인정될 때 비로소 상사는 기회를 부여하겠다고 생각한다. 상사에게 자신의 가능성을 인식시키려면 자신이 하고 있는 일을 '성과를 위한 일'과 '평가를 위한 일'로 나누어 진행하는 것이 가장 효과적이다. 이 두 종류의 평가축을 기준으로 실력을 쉽게 판단할 수 있기 때문이다.

'성과를 위한 일'은 반드시 해야 하는 일상 업무다. 즉 자신의 담당 업무로 정해진 일이다. 이에 반해 '평가를 위한 일'은 자신의 소질과 창조력을 살릴 수 있는 일로, 제품 기획이나 작품처럼 자발성과 일솜씨로 능력을 판단한다.

굳이 구분하자면 '성과를 위한 일'은 '수주형'의 일, '평가를 위한 일'은 '제안형'의 일이라고 할 수 있다. 그리고 무엇보다 일을 시작하기 전에 이 두 가지를 확실히 구별하는 것이 중요하다.

성과를 원하면 주문에 맞추고
평가를 원하면 기대를 뛰어넘어라

일을 시작할 때는 먼저 '성과를 위한 일'인지 '평가를 위한 일'인지부터 판단하자. 목적지까지의 거리가 다르기 때문이다.

성과를 위한 일은 해야 할 일과 방법이 명확히 정해져 있다. 필요한 일이기는 하지만 별로 독창성을 발휘할 수는 없다. 어떻게 해서든지 기일까지 확실히 끝내기만 하면 된다.

반면에 평가를 위한 일은 내용이 거의 정해져 있지 않다. 어떤 기획이나 '○○안'이라는 이름이 붙는 경우가 여기에 해당되는데 자신이 제안한 일도 여기에 속한다. 그리고 이런 종류의 일은 획기적인 발상이 필요하고 창조력을 최대한 발휘할 수 있다는 점이 큰 특징이다.

성과를 위한 일은 무엇을 해야 할지가 명쾌하기 때문에 시간을 오래 끌어서는 안 된다. 되도록 빨리 끝내고 방법은 고민하지 말자. 가장 쉬운 방법으로 빠르고 확실하게 해내면 된다. 결과는 어쨌든 같기 때문에 빨리 끝낼수록 가치가 증가한다. 좀더 극단적으로 말하면, 주어진 일을 반드시 직접 할 필요도 없다. 당신이 맡은 일은 요구하는 기일까지 완성된 내용을 제출하는 것이므로, 처음부터 끝까지 직접 했는지 안 했는지는 발주한 쪽에서 보면 아무래도 상관없는 것이다.

 남보다 쉽고 빠르게 일하는 *요령*

이에 반해 평가를 받기 위한 일은 시간도 중요하지만 내용이 관건이다. 진정한 요령은 '평가를 위한 일'에서 실력을 발휘하기 위해 활용할 때 큰 효과를 얻고 그 빛을 발한다.

이때 목표는 명확하다. 상대방의 기대치를 뛰어넘어 감탄과 감동과 만족을 주는 것이다. 무슨 영화 문구 같지만 우리가 전문가라고 부르는 사람들은 어느 업계, 어느 업종에 있든지 이 목표를 의식하고 있다. 감탄이 없는 곳에 평가 또한 있을 수 없다는 점을 명심하자.

평가를 받기 위한 일에 착수할 때는 자신의 자원(능력, 자산)을 최대한 활용해야 한다. 지식, 지혜, 기술, 인맥, 돈, 체력, 시간, 가족, 친구, 인터넷 등 이용할 수 있는 것은 무엇이든 이용하자.

요령이 나쁜 사람의 특징은 무슨 일이나 혼자 힘으로 해결하려고 한다는 점이다. 하지만 중요한 것은 당신이 혼자 '해냈다'는 것이 아니라 '감탄할 정도의 성과를 이루었다'는 사실이다. 방법론이 문제되는 경우는 거의 없다.

《《《 부탁 받은 일 가운데 기회가 있다

이 점을 굳이 강조하는 이유는, 주위를 둘러보면 두 눈을 멀뚱멀뚱 뜨고 큰 기회를 놓쳐 버리는 사람들이 너무나 많기 때문이다.

상사가 부하직원에게 "이런 아이디어가 있는데 어떻게 생각해?"라고 물었다고 하자. 부하직원이 "재미있네요."라고 대답하자 상사는 "이런 식으로 하면 사업이 될 것 같지 않아? 좀 생각해 보겠어?"라고 말한다. 이때 요령이 나쁜 사람은 "생각해 보겠습니다."라고 말하고 대화를 끝내 버린다.

나는 이런 광경을 자주 목격하는데 그때마다 '아, 또 기회를 놓치고 있구나.'라고 생각한다. 왜냐하면 "생각해 보겠습니다."라고 말하는 사람은 설령 진짜로 생각해 본다 하더라도 그 결과를 상사에게 보고하지 않는다. 상사는 일의 성과를 전달받지 못했기 때문에 부하직원이 정말 생각해 보았는지 어땠는지 알 수 없다. '뭐야, 일부러 힌트까지 줬는데.'라고 생각하고 마는 것이다.

그 부하직원은 틀림없이 다른 일 때문에 바빴을 것이다. 새로운 일을 떠맡을 여유가 없어서 할 수만 있다면 일을 늘리고 싶지 않았을지도 모른다. 일이 늘어나지 않는 것보다 좋은 일은 없겠지만 '쓸데없는 일'과 평가받을

 남보다 쉽고 빠르게 일하는 요령

수 있는 '기회'는 정확히 구별해야 한다. 그래서 기회를 불러들이는 일은 투자라고 생각하고 적극적으로 맡아야 한다. 그러지 않으면 기회는 좀처럼 오지 않는다. 주목을 받아야 기회가 주어지는데 계속해서 주목을 받으려면 그만한 노력이 필요하다.

기업은 경영 상태가 악화되어도 연구개발 등 장기적인 경쟁력으로 이어지는 투자는 멈추지 않는다. 투자를 멈추면 당장은 이익이 발생할지 모르지만 미래에 살아남지 못하기 때문이다. 단거리 경주라면 이야기는 다르지만 기업 경영과 개인의 경력 쌓기는 모두 장거리 경주를 뛰는 일이다. 미래를 위한 투자와 '평가를 위한 일'은 체력이 허락하는 범위 안에서 가능한 한 멈추지 않는 것이 좋다.

《《《 상사의 제안은 그 자리에서 가능성을 가늠하라

상사가 제안한 아이디어에 전혀 흥미를 느끼지 못할 때는 바로 거절해야 한다. "그다지 느낌이 오지 않습니다."라든지 "아무래도 익숙하지 않은 분야라서 좋은 아이디어가 나올 것 같지 않습니다."라고 말하면 된다.

흥미는 있지만 힘에 부칠 때는 "시간을 주신다면 아이

디어를 정리해 보고 싶지만 지금은 상황이 여의치 않네
요."라고 말한다.

"생각해 보겠습니다."라는 대답은 상대로 하여금 결과
를 기대하게 만들기 때문에 구체적인 결과를 내놓지 못
하면 마이너스 평가를 받게 된다. 정말 생각만 해볼 의
향이라면 '생각해 보겠다.'는 말은 삼가는 것이 좋다.

만약 진지하게 아이디어를 제안해 보겠다는 생각이
있다면 상사가 말을 꺼낸 자리에서 자세한 부분까지 질

문을 던져야 한다. 상사가 "좀 생각해 보겠어?"라고 말한 시점에서 상사와 당신은 이미지를 공유하고 있기 때문이다. 날이 바뀌면 다시 처음부터 전제를 재확인해야 하므로 시간을 낭비할 필요 없이 즉석에서 물어볼 수 있는 부분까지 물어보자.

"왜 그런 생각을 하시게 됐나요?", "그건 다시 말해서 이런 뜻인가요?" 등 계속 질문을 던져 상사의 정보를 알아낸다. 그 다음은 "제가 듣고 느낀 점은 이런 것입니다."라는 말로 떠오르는 생각을 전달한다. 그러면 상사는 다시 그에 대한 의견을 말해 줄 것이다.

이런 대화를 주고받으면서 과제를 음미하는 동안 당신도 상사도 그 아이디어가 좋은 기획이 될 수 있을지 어떨지 느낌으로 알 수 있다. 즉석에서 이야기를 나누는 또 다른 이점은 적어도 말을 꺼낸 상사의 머리를 빌려 생각을 정리할 수 있다는 점이다. 혼자서 생각할 때보다 아이디어도 더 잘 떠오를 것이고, 설사 당장 좋은 아이디어가 떠오르지 않더라도 매일같이 상사를 붙잡고 이야기를 나누면 된다. 그것이 상사의 역할이기 때문이다.

'이렇게 해주었으면 좋겠다.'는 지시 내용이 자세하면 자세할수록 그 일은 꼼꼼함과 속도가 기대되는 '성과를

위한 일'에 가까워진다. 명확한 지시가 있는 편이 부탁
을 받는 쪽은 머리를 쓰지 않아도 되므로 좋을지 모른
다. 그러나 할 일이 정해져 있는 일만 소화해서는 자신
이 꿈꾸는 커리어 플랜을 실현하기 힘들다. 성과는 인정
받더라도 평가를 받지 못하기 때문이다. 평가를 받기 위
해서는 자신의 창조력을 마음껏 발휘할 수 있는 '평가를
위한 일'을 적절히 맡아서 계속 주목을 받는 것이 중요
하다.

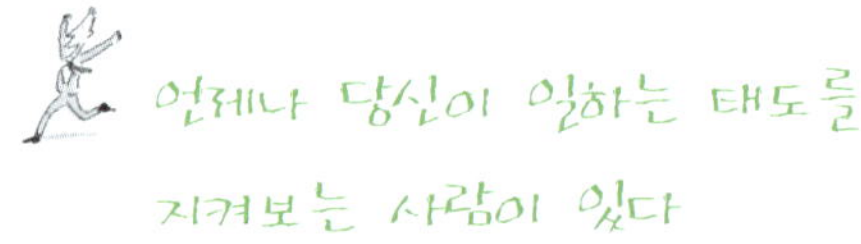

본인은 별로 의식하지 못할지 모르지만 의외로
많은 사람들이 당신의 일하는 태도를 지켜보고 있다는
사실을 기억하자. 일하는 태도뿐만 아니라 성격, 버릇,
기호, 특기, 스타일까지도 평가 대상에 포함된다.

상사라면 주로 다음과 같은 점들에 주목하며 당신을
지켜볼 것이다.

· 기회를 줄 것인가?(등용의 가능성)

· 실력이 있는가?

· 중요한 일을 맡길 수 있는가?(신용)

조직에서는 자신의 부하나 부대가 대강 어느 정도의 일을 해낼 수 있는지(한계, 특기, 소질)를 보고 있다. 각각의 사항들에 대한 평가를 높이기 위해서 '성과를 위한 일'과 '평가를 위한 일'을 구별하고 요령 있게 적극적으로 처리해 나가자.

요령이 좋은 사람은 일에 임할 때 남과는 조금 다르게 사고한다. 여기서는 사고라는 관점에서 3가지 원칙을 소개하고자 한다. 우선 계획에 힘을 쏟고 실행은 생략하려고 애써라. 그리고 늘 한발 물러난 곳에서 자신을 세일즈 하는 방법을 생각하라. 마지막으로 남을 감탄시키기 위해 일하라. 이렇게 사고하면 최소의 노력으로 최대의 효과를 얻을 수 있다.

요령을 터득하기 위한 사고의 3원칙

목표는 심사숙고해서 결정하고
성과는 손쉽게 이루어 내라

요령 좋게 일하려면 일의 요점을 파악해야 한다. 그러나 무엇을 요점으로 볼 것인지는 사람마다 다르다. 요령 좋게 일하는 사람은 요점을 파악하는 명확한 판단기준을 나름대로 가지고 있다. 이 기준에 비추어 자신의 소질을 살리고 사리에 맞는 의사결정을 내린다면 틀림없이 요령은 좋아질 것이다.

《《《 가장 먼저 할 일은 목표를 정하는 일이다

많은 사람들이 계획을 충분히 세우기도 전에 일을 시작했다가 도중에 고생하는 경우를 많이 봤다. 특히 여러 가지 사정 때문에 나아갈 방향을 잡지 못하고 너무 많은 선택사항들 사이에서 헤매는 경우가 많다.

일을 잘하는 사람은 일을 시작할 때부터 목표를 주시한다. 목적지가 정해져 있으면 걸음이 느리더라도 전진할 수가 있다. 그 다음은 연비와 속도를 높이기만 하면 되는 것이다.

2장에서는 일의 목표를 정하는 방법에 대해 설명하고자 한다.

목표를 정하는 방법과 달성하는 방법

《 목표와 꿈은 소원과 다르다

요령이 좋은 사람은 크든 작든, 쉬운 일이든 어려운 일이든 목표를 가지고 있다. 그리고 목표를 향해 착실하게 전진한다. '언제까지 일을 끝내겠다', '텔레비전을 보기 위해 몇 시에 퇴근한다', '다음 달부터 학원에 다닌다', '이 프로젝트가 끝나면 전직한다', '내년에 유학을 가겠다', '3년 후에는 독립하겠다' 등 그 내용은 다양하다.

이때 주목할 점은 요령이 좋은 사람이 세우는 목표는 '이랬으면 좋겠다'는 '소원'이 아니라는 것이다. 그는 실현하기 위해 반드시 행동하겠다는 의지를 갖고 목표를 세운다.

반면에 '열심히 하다가 보면 곧 좋은 일이 생기겠지.'라고 막연히 생각하는 사람이 있다. '열심히 한다'는 것과 '좋은 일' 사이에 명확한 관련성이 없다면, 그것은 '내일은 맑았으면 좋겠다.'는 식의 '소원'과 다르지 않은, 매우 불확실한 기대다.

내가 아는 사람 중에 "가능하면 1, 2년 후에 직장을 그만두고 비즈니스 스쿨에서 공부하고 싶다."라고 말하는 사람이 있다. 그런데 그는 내가 아는 한 아무런 행동도 취하고 있지 않다. 대학 선택이나 장학금 조사도 하지 않고 구체적으로 무엇을 배우고 싶은지도 명확하지 않다. 이대로라면 그는 아마 1, 2년 후에 비즈니스 스쿨에 가지 못할 것이다.

'저 사람은 요령이 좋아.'라고 생각하는 이유는 그가 자신의 희망을 실현시켜 나가기 때문이다. 거기에 의지와 행동이 없다면 단지 '운이 좋은 사람'일 뿐 요령이 좋다고 말할 수는 없다.

요령이 좋은 사람은 자주 이런 식으로 말한다.

"그것 봐! 내가 한다고 했지? 역시 생각대로 잘 되던걸."

"일이 바빴지만 주말을 이용해서 해결했어."

실행에 옮기려는 강한 의지가 그대로 성과로 이어졌음을 드러내는 말이다. 행동으로 이어지는 의지가 목표가 되고 성과로 나타난 것이다.

요령이 나쁜 사람의 또 다른 특징은 고민해도 소용없는 일로 고민한다는 점이다.

"난 더 이상 젊지 않으니까."

"나는 여자니까."

"마감이 앞으로 한 달만 연장되었으면……."

"그때 내린 판단은 역시 잘못된 것이었어."

이런 생각들은 해보았자 상황이 나아지지 않을 뿐만 아니라 스스로 자신의 행동을 제약하는 것이기 때문에 발전까지 가로막는다.

요령이 좋은 사람은 자신이 안고 있는 문제를 컨트롤할 수 있는 일과 그렇지 못한 일로 나누어 생각한다. 그리고 언뜻 보기에는 어쩔 수 없을 것 같은 일들 중에서 컨트롤할 수 있는 일이 없는지 다시 한 번 생각한다.

내가 아는 어떤 여성은 하루에 100건 이상의 메일을

처리하느라 잔업시간이 길어지는 일이 자주 발생했다. 홍보부에 소속된 그녀는 업무상 낮 동안은 줄곧 취재 기자와 동행하여 회사의 각종 시설을 안내하는 일을 했다. 그녀가 일하는 회사의 홍보부는 직원들 대부분이 데스크탑 PC를 사용했고, 일부 관리직에게만 노트북이 지급되어 있었기 때문에 회사 이곳저곳을 돌아다니는 그녀는 사내에 있으면서도 메일을 확인할 수가 없었다.

다른 직원들도 마찬가지로 불편하기는 했지만 불만을 입 밖으로 표현하지는 않았다. 그들은 무의식 속에서 사무기기는 회사에서 마련해 주는 것이므로 개인이 요구하는 것은 '지나친 요구'라고 단정 짓고 있었기 때문이다.

그러나 그 여성은 자신의 요구사항이 받아들여지도록 정당한 근거를 들어 상사에게 설명하기로 했다. 즉 현재 상황에서는 이동 시간이나 현장에서 약속시간 사이사이의 대기시간 등이 일주일에 평균 5시간 정도 된다는 점, 1개월 후에 중요한 기자발표회를 앞두고 있어서 메일 교환이 앞으로 더욱 증가할 것이며 신속한 응답이 중요해질 것으로 예상된다는 점, 그리고 노트북이 있으면 사내 어디서나 메일 확인이 가능해지므로 이런 문제들을 해결할 수 있다는 점을 상사에게 설명했다.

그녀의 이야기를 들은 상사는 자신은 사무실에 있는 시간이 많아서 그런 필요성이 있으리라고는 생각하지 못했다고 말했지만 홍보 분야는 직접적인 이익을 창출하지 않는 부서여서 많은 예산을 할당할 수는 없다며 그녀의 요구를 거절했다.

그러나 거기서 그녀는 포기하지 않고 자신이 요구한 기기를 구입하는 데 소요되는 예산을 조사하고, 그것을 도입했을 경우에 기대되는 효과로서 ①잔업시간이 한 달에 10시간 정도 줄어들 것으로 예측된다는 점, ②잔업수당을 돈으로 환산하면 1년 안에 충분히 투자회수가 가능하다는 점, ③신속한 응답으로 기자들의 만족도도 올라간다는 점, ④결과적으로는 기사에도 긍정적으로 반영되어 기업의 이미지 제고 효과도 기대할 수 있다는 점을 들며 재차 교섭을 시도했다.

결국 그녀의 제안은 받아들여졌고, 새로운 노트북 이외에 전화접속 카드와 사외에서 필요한 원격 접근 수단까지 얻어냈다.

그리고 이 일로 그녀는 동료들로부터 "요령이 좋다."는 평가를 듣게 되었다. 물론 다른 직원들에게는 노트북이 지급되지 않았으며 일에는 아무런 변화도 생기지 않았다.

언뜻 생각하면 컨트롤할 수 없는 조건 같지만 그녀는 '외부에서 이메일에 접근할 수 있는 수단을 손에 넣는다.'는 목표를 정하고 이를 실현하기 위해 필요한 행동을 생각하고 실행에 옮겼다. 그녀는 의외로 간단히 목표를 실현할 수 있었다.

'그 정도는 사소한 일'이라고 생각할지도 모르겠다. 하지만 다른 직원들을 살펴보면 어떠한가? 그들은 여전히 사무실의 자기 자리에서만 메일에 접근할 수 있기 때문에 사무실 밖에서 일할 때는 기다리는 시간에 잡담을 하거나 담배를 피우면서 시간을 허비한다. 하지만 그녀는 중간중간 비는 시간에 메일을 처리할 수 있게 되어 잔업 시간도 상당히 줄었다고 하니 시간당 일의 성과도 올라가고 메일 응답속도도 상당히 빨라졌을 것이다. 물론 다른 직원과 비교했을 때 일에 대한 평가도 높아졌을 것이다.

일에는 자신이 컨트롤할 수 있는 조건과 그럴 수 없는 조건이 있다. 컨트롤할 수 없는 조건을 두고 고민하는 것은 시간 낭비이지만 그 중에는 미리부터 컨트롤할 수 없다고 단정 짓는 것들도 있다. 그런 부분들을 하나씩 찾아내서 자신이 컨트롤할 수 있는 조건으로 바꾸어 나가다 보면 더 좋은 결과가 생긴다.

제대로 된 목표라면 그것을 실행했을 때 일에 '진전'이 있어야 한다. 당연하다고 생각할지도 모르겠지만 이 당연한 일이 의외로 어렵다. 사람들은 방법이 잘 떠오르지 않을 때, "우선 할 수 있는 일부터 시작하자."라는 말을 자주 한다. 방법을 너무 고민하지 말고 미미해도 확실히 첫걸음을 떼자는 뜻이다. 그런 사고 자체는 적극적인 자세라고 생각하지만, '할 수 있는 일을 시작한다.'라는 것을 목표로 삼아서는 안 된다. 실행해도 일에 진전이 없는 경우가 있기 때문이다.

어느 호텔의 영업담당자는 3개월 동안 동창회 모임을 10건 예약 받는 것이 자신의 책임량이다. 하지 만 그에게는 거의 실현 가능성이 없는 목표로, 그는 어찌할 바를 모르고 있었다. 일단 그 호텔에서 결혼식을 올린 고객이나 안면이 있는 기업 담당자, 지인,

친구들에게 매일 전화를 걸어 보았지만 예약을 받지 못했다. 그래서 그는 하루에 20회 정도 걸었던 전화 통화를 30회에서 50회로 늘려야겠다고 생각했다.

전화 거는 횟수를 늘리겠다는 것은 행동을 취한다는 점에서는 평가할 만하지만 핀트가 어긋난 행동이다. 50회의 전화통화와 책임량 달성 사이에는 직접적인 연관이 없기 때문이다.

일에 진전이 있으려면 목표를 실현했을 때 '성과'나 '평가'로 이어져야 한다. 목표를 실현했는데도 진전이 없으면 자신도 모르는 사이에 행동의 타당성에 의문이 생기고, 그 결과 성과를 달성하기 어려워진다.

하루에 전화를 50회 걸었다는 사실만으로는 상사의 인정을 받을 수 없다. 그것은 기대되는 성과가 아니기 때문이다. 그 점을 본인도 잘 알고 있기 때문에 시간이 지날수록 50회라는 목표를 별로 중요하게 여기지 않는다. 그래서 주의가 산만해지고 시간과 능력을 효율적으로 활용하지 못하게 된다. 결과적으로는 10건 예약이라는 책임량 달성도 멀어진다.

그의 실패 원인은 처음에 잘못된 목표를 세운 데 있다. 10건 예약을 받는 일이 최종 목적이라면 처음에 세워야 할 목표는 전화를 50회 거는 일이 아니라 예약을 한 건이라도 빨리 받는 일이어야 한다. 한 건의 예약을 받으려면 성사 가능성이 높은 인물과 예약을 성사시키기 위한 교섭을 해야 한다.

동창회는 기획자가 대부분 정해져 있다. 아무나 동창회를 기획하는 것이 아니라 매회 같은 사람이 담당하는 경우가 많다. 더욱이 동창회 자체는 일정한 빈도로 개최

되는 반면 동창회를 주선하는 사람이 홈파티를 열거나 타 업종 간 교류회를 기획하고, 그 밖의 모임을 챙기는 경우가 많다. 그런 유형의 사람은 늘 새로운 장소를 찾고 관련 정보를 모임의 주선자들끼리 서로 교환한다.

그렇다면 우선 출신학교 동창회 간사와 의논해 보는 것이 좋다. 그리고 거기서 가능성이 없으면 다른 동료 간사를 소개받으면 된다. 당신이 사외 모임에 참가하고 있다면 그 모임의 주선자도 가능성이 있다. 이도 저도 안 될 경우 직접 주선하는 것도 한 가지 방법이다. 나라면 50명에게 전화를 걸기보다는 15명이나 20명 인원의 파티를 직접 기획하는 편이 빠를 것이라고 생각한다.

어쨌든 달성해도 실적이 되지 못하는 목표를 세우는 것은 요점에서 벗어난 행동이다. 자신의 역할과 커리어 플랜이라는 큰 틀 속에서 그것이 어떤 의미를 지니는지 생각하면서 달성했을 때 한 걸음 앞으로 나아갈 수 있는 목표를 설정하자.

목표에는 반드시 마감시간을 두자

누구나 막연히 '그렇게 됐으면' 하고 바라는 일들이 있다. 독립해서 자기 사업을 시작하거나 여성이라면 결혼이나 출산 후에도 계속 할 수 있는 일을 찾는 것일 수도 있다. 최근에는 외국어를 구사하면서 전 세계를 돌아다니거나 연봉이 높은 직장으로 전직하기를 희망하는 사람들이 많다.

그런데 그런 막연한 소망을 실현하려면 정말이지 구체적인 목표를 세워야만 한다. 그렇지 않으면 좀처럼 이루기가 힘들다. 또한 목표에 다가가려면 반드시 거쳐야 할 단계가 있고 또 대략적인 마감시간을 설정해야만 한다. 마감시간을 설정하지 않으면 목표를 실현하는 것이 불가능하다고 할 수 있을 만큼 그 효과는 절대적이다.

예를 들어 '영어를 할 수 있으면 좋겠다.'라고 생각하는 사람이 있다고 하자. 그의 중장기 목표는 영어실력을 활용할 수 있는 분야에서 활약하는 것이다. 그는 국내에 있는 영어회화 학원에 다녀 봤자 별 효과를 보지 못할 것이라고 생각해서 회사를 그만두고 대출을 받아 미국으로 유학을 떠났다. 하지만 1년이 지난 시점에서 그는 여전히 영어에 자신이 없었다. 영어를 배우러 온 그만그만한 사람들 틈에서 지내다 보니 영어가 생각만큼 늘지 않았던 것이다. 고국에서 영어학원에 다니는 것이나 별

반 다르지 않았다.

때문에 어학학원 생활에 싫증이 났지만 그렇다고 현지에서 할 만한 일을 찾기도 그리 쉬운 일이 아니었다. 결국 그는 현지에서 동포가 운영하는 레스토랑에서 아르바이트를 하면서 '이대로 어떻게 귀국하지?'라는 고민으로 시간을 보내고 있었다.

이런 사람은 뉴욕이나 런던 같은 해외의 대도시에 가 보면 셀 수 없이 많다.

'영어를 할 수 있게 됐으면'이라는 희망을 품고 실제로 영어를 말할 계기를 만들기 위해 행동하는 적극성은 좋다고 생각한다. 하지 않는 것보다는 하고 나서 후회하는 편이 낫다는 말도 있지 않는가.

하지만 위의 경우처럼 영어를 배우려고 하는 구체적인 목표와 언제까지 그 목표를 실현할 것인지 대강의 마감시간을 정하지 않으면 자신이 소망하는 일을 이루기 어렵다.

그런데 마감시간을 스스로 정하는 일은 말처럼 그리 쉽지가 않다. 자신의 의지로 '평가를 위한 일'을 하겠다고 마음먹은 경우는 특히 그렇다. 자신이 기획하고 진행하는 프로젝트일 때는 외부의 강제력이 없기 때문에 자신도 모르게 '여력이 있을 때 하자.'라는 핑계를 대며 미루게 된다. 그런데 그런 여력이 생기는 날은 틀림없이 앞으로도 오지 않을 것이다.

그렇다면 어떻게 마감시간을 효과적으로 설정할 수 있을까? 우선 환경의 도움을 받는 방법이 있다. 예를 들어 큰 예산이 필요한 기획이라면 내년도 사업계획 책정 시기까지 준비한다든지, 아이디어를 보여 주고 싶은 상사가 출장을 떠난다면 출장 전까지 완성해서 보여 주면 된다. 또한 행사가 반년 후로 예정되어 있다면 거기에 맞추어 준비하고, 연말에 전직을 고려하고 있다면 남은 기간 동안 '실적'으로 내세울 만한 프로젝트를 몇 개 기획하면 된다.

그리고 자신이 계획한 커리어 플랜 안에서 일정을 짜는 것도 한 가지 방법이다. 예를 들어 1년 후에 승진을 고려하고 있다면 상사에게 그 조건을 묻는다.

"어떻게 하면 1년 후에 승진할 수 있을까요?"

주어진 조건을 해결해 나가는 과정에서 필연적으로 언제까지 무엇을 해야 하는지 저절로 정해질 것이다.

당신은 혹시 '성실하게 노력하다 보면 머지않아 목표에 다가갈 수 있겠지.'라고 막연히 생각하고 있지 않는가? 분명히 언젠가는 목표에 다다를 수 있겠지만, 일을 맡기는 쪽에서는 '언제까지', '무엇을 할 수 있다'는 보장이 없으면 당신에게 일을 맡기기를 주저할 것이다.

자신의 의지를 다지고 주위의 평가를 높인다는 점에서 마감시간을 설정하는 일은 목표 실현에 대단히 큰 효력을 발휘한다.

필요한 '노력의 양'은 처음에 확인하라

남이 부탁하는 일은 대부분 '성과를 위한 일'인 경우가 많다. 부탁하는 쪽은 일이라는 '상품'을 납기까지 받기만 하면 되고, 일을 맡는 쪽에서는 발주자가 만족할 만한 수준으로 무사히 끝내면 되는데 이때 확인해야 할 것이 '얼마만큼의 노력을 기울여서 할 것인가?'라는 점이다.

메일을 쓸 때 불과 다섯 줄에서 열 줄인데도 한 시간이 넘게 걸리는 경우가 있다. 영어로 쓰는 것이 아닌데도 말이다. 나 자신도 그런 경험이 여러 번 있었다. 정말 중요한 메시지를 전달하거나, 수신자가 지위가 높은 사람이거나, 많은 사람들에게 일시에 보내는 경우 등이 그렇다.

마음이 맞는 동료라면 몇 초 만에 보낼 수 있는 내용을 몇 번씩 다시 생각해서 고쳐 쓰고 잠시 시간을 두었다가 또 다시 읽어 보고 고친다. 읽는 사람은 거의 의식하지 못해도, 읽고 난 뒤 상대방의 반응과 이어질 행동, 그 메시지가 다른 사람에게 전송되었을 때 미칠 영향까지 신중하게 검토한 뒤 '보내기' 버튼을 눌렀던 경험이 누구나 있을 것이다. 여기서 말하고 싶은 것은 똑같은 내용이나 짧은 내용이라도 들이는 '노력의 양'이 달라진다는 점이다.

일을 할 때는 이와 같이 '노력의 양'을 조절해야 한다.

그리고 이것은 '생략'이라는 주제와 함께 생각해 보아야 할 문제다.

무슨 일이든 전력을 다하라고 말하는 사람이 있는데 이런 사람은 어지간히 요령이 없는 사람이라고 생각하면 된다. 전속력으로 달리는 것 자체가 목적이 되었기 때문이다. 일의 목적은 달리는 것이 아니라 결과를 내는 것이다. 현재와 같은 환경친화 시대에 쓸데없이 자원을 낭비할 필요는 없는 것이다.

그렇다면 필요한 '노력의 양'은 어떻게 파악할 수 있을까? 그것은 일을 부탁하는 목적을 밝혀냈을 때 알 수 있다. 무엇 때문에 그 일이 필요한지, 무엇을 달성하기 위한 일인지, 그 의도는 무엇인지 등을 파악하는 것이다.

예를 들면 수입품 견본시장의 시찰 소감에 대한 리포트를 정리해 달라는 부탁을 받았다고 하자. 부서 회의에서 간단히 소감을 발표하는 리포트와 간부에게 견본시장의 경향을 근거로 자사의 사업전략을 제안하는 리포트를 제작할 때는 명백히 노력의 양이 달라진다. 결과물이 어떤 용도로 사용될지, 자세히 조사했을 때와 대략적으로 조사했을 때 차이(영향)가 어느 정도 발생하는지, 이런 점들은 목표를 설정할 때 꼭 필요한 정보다.

>>> '생략'은 중요한 요점 외에는 버리는 결단력이다

요령 좋게 일을 추진하려면 잘 '생략'해야 한다. 업무상 중요한 요점을 파악하는 동시에 그 밖의 것은 버리는 결단이 필요하다. 여기서는 결과물의 질을 떨어뜨리지 않으면서 어떻게 하면 좋은 의미의 '생략'이 가능한지 생각해 보자.

"여기서 중요한 요점은 세 가지입니다."

이런 말을 들을 때 당신은 어떤 느낌이 드는가? 숫자를 사용하면 말에 힘이 실리기 마련이다. 우선 요점이 집약되어 있다는 점에서 전체를 보며 본질을 잘 파악하고 있다는 인상을 준다. 또 사물을 논리적으로 생각할 수 있는 사람이라는 생각이 들어 그에 대한 신용이 싹튼다.

또 다른 장점은 요점을 '몇 가지'로 한정해 버리면 중요하지 않은 점에 마음이 흔들리는 일이 없게 된다. 문제의 초점을 한정시킨다는 것은 그 이외의 것을 생각하지 않겠다는 결단이기도 하다. 조금이라도 여유가 생기면 무조건 한 개라도 많이 포함시키려는 사람이 많은데, 그렇게 하면 일의 균형과 구성을 알 수 없게 되어 전체적으로 보면 초점이 흐려질 수밖에 없다.

그리고 위와 같은 말을 들은 상대방은 "그 세 가지가 뭔데요?"라고 질문하게 된다. 사실은 네 가지나 두 가지라도 상관없지만 두 가지면 '정말 요점이 두 가지뿐일까?'라는 의문이 생길 수 있고 네 가지면 '어중간한 숫자'라는 느낌을 준다. 또한 요점이 다섯 가지라고 한다면 너무 많아서 '기억해야지.', '들어보자.'라는 생각이 들지

요점 3가지
1.
2.
3.

않을 것이다. 그래서 '3'이라는 숫자는 강력하다.

이 방법은 다양한 상황에서 활용할 수 있다. ①기획서를 쓸 때, ②보고서를 정리할 때, ③강의할 때, ④영업에서 제품의 특징을 설명할 때와 같이 자신의 의사나 정보를 전달하려고 할 때 활용하면 좋다. 물론 일을 맡을 때도 활용할 수 있다. 일의 세 가지 요점을 질문하는 것이다. 묻는 내용은 다음과 같다.

① 일의 의도(필요성, 요구사항)
② 가장 중요한 점
③ 유의할 점

이로써 상대가 어떤 결과를 기대하는지 파악할 수 있다.

일을 부탁하는 쪽에서 무엇을 평가기준으로 보고 있는지, 파악해야 할 요점은 무엇인지, 무엇을 기대하고 있는지, 이런 점들에 근거해서 일하면 기본적으로 불만은 생기지 않는다. 최소한의 기대치는 만족시킬 수 있기 때문이다.

사실 요점은 꼭 세 개가 아니라도 상관없다. 그러나

 남보다 쉽고 빠르게 일하는 요령

강렬한 인상을 주고 싶거나 요점을 최소한으로 좁히려 할 때는 '3'이라는 숫자를 사용해 보자.

회사 일에는 단순히 '지금까지 그렇게 해 왔다'는 이유만으로 같은 방법을 계속 반복해서 사용하는 경우가 많다. 물론 컴퓨터에 데이터를 입력하는 일은 입력하는 포맷을 바꾸면 나중에 검색할 때 문제가 생길 수 있으므로 신중을 기해야 한다.

그러나 일에 따라서는 방법을 조금 달리함으로써 결과에 큰 차이가 생기는 경우가 있다. 예를 들어 부엌일을 할 때 도마와 재료의 위치를 조금만 바꾸어도 동선이 훨씬 편하게 느껴진다.

생산 현장인 공장 라인에서는 그런 개선활동을 몇십 년 동안 반복해 오고 있다. 예를 들면 공구를 어느 위치에 두느냐에 따라 작업 속도가 크게 달라지고, 작업 중에 공구를 분실할 확률도 낮아진다고 한다. 그리고 컨베이어벨트에서 한 사람이 한 가지 작업만 하는 라인 형태에서부터 한 사람이 다품종 부품을 모두 조립하는 셀 형태에 이르기까지 다양한 방법을 시험해 보고 자신들에게 가장 적합한 방법을 찾아내려는 노력을 한다. 지금도 그런 노력은 끊임없이 계속되고 있는데 이로써 시간당 생산대수를 높여 기업의 경쟁력 향상에 기여하고 있는 것이다.

사무업무와 영업활동에서도 마찬가지다. 전과 똑같은 방법으로만 일하면 영원히 진보는 없다. 반복 작업이 많다면 그 작업의 요점은 무엇인지 생각해 보고 작업의 효율을 높일 수 있는 방법을 모색해 보자.

《《《 완성하기 전에 보고하라

일의 마지막 마무리를 하기 전에 상사에게 "거의 끝나갑니다."라고 보고해 보자. 그러면 도중에 일을 중단해도 되거나 또는 가장 품이 많이 드는 마무리 작업을 빨리 끝낼 수도 있다. 이 방법은 특히 '성과를 위한 일'일 경우에 유효하다.

서류를 깔끔하게 정리해서 완성하는 것이 목적인 일은 사실 그다지 많지 않다. 결론이 되는 '내용'만 알면 되는 일이 의외로 많다. "이것 좀 조사하고 분석해서 결과를 알려 줘."라고 부탁 받은 일일 때는 특히 그렇다. 결론이 무엇인지 왜 그런 결론이 나왔는지 알면 그것으로 족하다.

요령이 나쁜 사람에게 그런 일을 부탁하면 좀처럼 결과를 가르쳐 주지 않아 짜증이 날 때가 있다. 뭘 하고 있는지 보려고 옆에서 지켜보면 표와 그래프로 정리하느라 정신이 없다. "그런 건 아무래도 좋으니 결과만 알려 달라."라고 말하고 싶지만 그런다고 일이 금세 끝날 것 같지도 않아 그에게 일을 부탁한 자신만 탓하게 된다.

반대로 생각해 보면, 일을 부탁 받은 쪽에서는 상대가 무엇을 얼마만큼 요구하고 있는지 제대로 이해하지 못하고 있는 경우가 많다. 그래서 최대한 '정성껏, 깔끔하게' 완성하는 것을 목표로 두고 일을 진행한다. 정말이지 기대와 행동에 커다란 갭이 발생하는 순간이라고 할 수 있다.

이렇게 결과를 아는 것이 중요한 포인트일 때는 "지금 단계에서 결론은 이렇게 될 것 같습니다."라고 전달해 두는 것이 효과적인 방법이다. 그러면 "아, 그런가? 그걸로 충분해. 고마워."라는 식으로 일이 매듭지어지는 경우도 있고, "그럼 나머지 정리는 누구누구에게 부탁하지."라는 식으로 구조선을 보내 주는 경우도 있다. 어쨌든 고생이 눈앞에 보이면 그 전에 보고를 즉시 하는 것이 좋다.

지금까지의 설명으로 진짜 승부를 걸어야 하는 일에 최선을 다하는 것이 중요하다는 사실은 이해했을 것이다. 그런데 회사일은 그렇게 만만치가 않고 꽤 지치는 일이다. 그래서 승부를 거는 일이 언제 찾아올지 모르기 때문에 언제든 뛰어나가 달릴 수 있는 체력을 유지하면서 페이스를 분배할 필요가 있다.

외국계 금융기관에서 근무하는 친구들 중에는 40대에 행복한 은퇴를 꿈꾸며 맹렬히 일하는 사람들이 있다. 그들은 하나같이 사무실에서 택시로 5분 정도 걸리는 거리에 살면서 주말에도 일을 하고 집은 하숙 정도로만 생각한다. 개인적인 약속을 잡기 위해 이메일을 보내도 답신이 없고 가끔 동창생들의 모임에서 만나면 지친 얼굴을 하고 있다.

'이것만 달성하면 끝'이라는 목표가 분명하면 오직 그 목표를 향해 달리다가 마지막에 박차를 가하면 된다. 그러나 은퇴할 날을 의식하면서 커리어 플랜을 세우는 사람은 그렇게 많지 않을 것이라고 생각한다. 그렇다면 기본적으로는 계속 시합에 나가는 것, 계속해서 달리는 것이 중요하다는 사실을 깨달을 것이다.

거의 매일 막차를 타고 퇴근하는 생활이 일상화된 사람은 과연 얼마나 오랫동안 그런 생활을 계속할 수 있을까? 그리고 갑자기 어떤 사정이 생겨서 커리어를 중단할 수밖에 없는 상황이 되면 그런 생활을 후회하지는 않을까?

당신이 만약 상사의 입장이라면 늘 죽을 둥 살 둥 이를 악물고 일하는 부하직원에게 일을 맡기고 싶은 생각이 들겠는가? 그렇게 한계상황에서 헉헉대며 달리는 사람보다는 아직 체력이 남아 있는 사람에게 오히려 장기간 안정적으로 일을 맡길 수 있다는 생각이 들지 않을까?

이런 관점에서 자신의 일하는 태도에 대해 때때로 자문해 보는 것도 득이 된다.

《《 '이것만 하면 끝'이라는 항목을 정하자

일할 때 시간을 오래 끄는 사람들 중에는 일하는 속도가 느린 경우도 있지만, 맺고 끊기를 잘 못해서 결과적으로 시간이 오래 걸리는 사람도 많다.

누구나 자신이 한 일에 대해서는 언제나 당당하게 "제가 했습니다."라고 말할 수 있을 만큼 좋은 결과를 맺고 싶은 마음을 갖고 있을 것이다. 그리고 간혹 사람들 중에는 좋은 결과를 내기 위해서는 많은 시간을 투자해야 된다는 생각에 무턱대고 많은 시간을 할애하는 경우가 있다.

하지만 제한된 조건 속에서 완성도 높은 결과를 만들어 내려면 '여기까지 한다'라는 '레벨 클리어형'이 아니라 '이것만 하면 끝'이라는 '포인트 클리어형'이 되어야 한다. 그렇지 못하면 일을 추진하는 과정에서 점점 욕심이 생겨서 예상보다 작업은 훨씬 힘들어진다.

이 방법은 시간이 부족할 때 특히 유효하다. '무엇 무엇을 하면 끝'이라는 생각은 말 그대로 '끝내는 시점'을 정하는 것이다. 모든 일은 불완전함을 전제로 한다. 다만 최소한의 요점은 파악하고 있다는 점에서 '됐다'라고 인정하는 것일 뿐이다.

이것이 요령에서 중요한 '맺고 끊기'다.

《 상사에게도 일을 시키자

요령이 좋은 사람은 많은 사람들의 도움을 빌

려 자신의 일을 완성한다. 그 중에서도 가장 많은 도움을 받는 사람은 상사일 것이다.

일의 가치는 일의 완성에 있는 것이지 완성하는 사람의 노력에 있는 것이 아니다. 그리고 납기가 빠르면 빠를수록, 완성도가 높으면 높을수록 일의 가치 또한 높아진다. 그렇다면 나 혼자 머리를 싸매고 고생할 필요 없이 적극적으로 남의 도움을 받아 일의 가치를 최대한으로 높여 나가는 것이 현명한 방법이다. 그리고 그럴 때 누구보다도 직접적인 도움을 줄 수 있는 사람이 바로 당신의 '상사'다.

만일 당신이 매니저라면 부하직원이 있을 것이다. 우수한 부하직원이 있다면 그에게 일을 맡기고 가끔 진척상황을 확인하는 정도면 된다. 그러나 자신이 맡을 수밖에 없는 일이고, 또 생각만큼 쉽게 일이 풀리지 않을 때는 상사와 의논해야 한다.

상사가 일에 도움을 주는 이유는 3가지다.

❶ 상사는 누구보다 당신의 업무 진행상황을 걱정하며 지켜보고 있는 사람이다. 즉 구구절절한 설명이 필요 없다. 당신이 관리직이 아니라면 당신의 업무 흐름과 양을 관리할 책임은 당신의 매니저에게 있다. 당신이 과로

로 쓰러진다거나 잔업수당이 늘어나는 것은 그의 책임이다. 만약 당신이 주어진 시간 안에 보고를 올리지 못하면 당신도 비난을 받지만 당신을 책임지고 있는 상사의 판단 착오이므로 그도 비난을 면할 수 없다. 그렇기 때문에 상사는 늘 당신의 일의 진척상황을 확인한다. 그는 일의 발주자이므로 일의 내용과 목적도 충분히 잘 이해하고 있다.

❷ 상담은 당신을 상사에게 이해시키는 계기가 된다. 상담을 통해 당신을 전보다 더 깊이 이해해 줄 수 있으므로 상사와 당신 사이에 신뢰가 쌓이고, 앞으로 당신의 소질을 살릴 수 있는 방향으로 그가 이끌어 줄 수도 있다. 즉 장기적인 관점에서도 유리한 면이 있다. 남을 믿고 일을 맡긴다는 것은 크든 작든 위험을 수반한다. 하지만 모든 일을 혼자 처리할 수는 없으므로 우리는 그런 위험부담을 안고서라도 남에게 일을 부탁하는 것이다. 따라서 누가 당신에게 일을 맡긴다는 것은 당신에게 그만한 능력이 있다고 인정하는 것이다. 만일 그렇게 생각하지 않았다면 일을 맡기지 않았을 것이다. 실패할 경우 그것은 일을 맡긴 본인의 신용문제로 이어지기 때문이다. 반대로 일을 부탁하는 사람은 누가 어떤 일을 잘 해

 남보다 쉽고 빠르게 일하는 *요령*

낼 수 있을지, 또 얼마나 빨리 끝낼 수 있을지 늘 신중하게 판단한다. 그리고 상사는 부하직원의 특기가 무엇인지 또 어떻게 하면 그의 능력을 최대한 발휘하게 할 수 있을지 파악하려고 한다. 상담은 당신의 일하는 방법과 절차를 공개하는 커뮤니케이션 행위이므로 당신의 생각과 능력 특성이 전달되고, 결과적으로 그것은 상사가 당신을 잘 조종하기 위한 판단 재료가 된다.

❸ 당신의 성과는 곧 상사의 성과로 이어진다. 다시 말하면 완성도를 높이는 것이 양쪽 모두에게 유리한 관계에 있는 것이다. 그런 사이라면 서로가 가진 노하우를 잘 활용하고 힘을 합쳐 일을 완성하는 것이 서로에게 좋다.

회의의 끝부분에서 주도권을 잡아라

요령이 좋은 사람은 회의의 끝부분에서 회의 내용을 확인한 뒤 "자, 이렇게 합시다."라고 다음 단계의 합의를 이끌어 낸다.

"오늘 회의에서 결정된 것은 A와 B로, 다음번에는 C에 대해 의논하기로 해도 괜찮을까요? 그럼 그때까지 D와 F를 준비해 주시기 바랍니다. D는 김○○씨, F는 이

△△씨가 정리해 주시겠습니까? 저는 G를 매듭짓겠습니다."

이 방법은 다음 회의에서 또다시 같은 이야기를 반복하게 될지도 모를 위험을 피하는 동시에 누군가가 원치 않는 '숙제'를 억지로 당신에게 떠밀지 못하도록 하는 방어수단이기도 하다. 회의의 진행상황을 살피면서 자신이 담당할 일도 회의 중에 정해 두면, 동료들로부터 당신만 쏙 빠진다는 쓸데없는 오해를 받는 일 없이 매끄럽게 넘어갈 수 있다.

이 방법의 요점은 공연히 일을 떠맡는 상황을 만들지 말고 자신의 일은 스스로 컨트롤하라는 것이다. 그렇다고 당신이 회의의 결론을 내라는 뜻은 아니다. 회의내용을 잘 정리해서 일을 진척시키자는 것이다. 회의는 일할 때 꼭 필요하지만 동시에 귀찮다고 생각하는 사람도 많다. 시간을 빼앗기기도 하고, 자신의 역할이 없는 것처럼 보일 때도 있기 때문이다.

또 도대체 무엇을 정하려는 회의인지 그 목적이 불분명한 경우도 있다. 사회자가 명확히 정해져 있는 일부 공식적인 회의를 제외하면 결론을 내지 못하고 계속 같은 내용을 되풀이 하거나 주제에서 자꾸 탈선하는 경우

자, 이렇게 하는 걸로 합시다!
-회의 끝나기 5분전-

도 종종 있다. 회의가 끝날 때까지 한 마디 발언도 하지 않는 사람이나 회의 중에 메일을 확인하는 사람이 있다고 해도 이상한 일이 아니다.

그러나 그렇다고 해서 그냥 멍청히 앉아만 있다면 '당신은 담당하는 일이 없으니까'라는 이유로 의사록을 작성하는 업무 등을 떠맡게 될 가능성이 있다. 따라서 자신을 지키기 위해서라도 가능하면 당신 스스로 일을 컨트롤하는 편이 낫다는 말이다.

가능하면 즉석에서 일을 매듭지어라

우선순위가 낮다고 해서 무슨 일이든 나중으로 미루면 안 된다. 대부분의 요령 좋은 사람들, 아니 너무 바빠서 요령 좋게 일할 수밖에 없는 사람들이 실천하고 있는 방법이 바로 할 수 있는 일은 즉석에서 해버린다는 것이다. 바꾸어 말하면, 어떤 일을 해야 할지 말아야 할지 그리고 그 일을 '지금' 할지 말지를 그 자리에서 판단하고 결정한다는 뜻이다.

업무량을 효율적으로 관리하기 위해서는 쉽게 끝낼 수 있는 일, 부탁받은 일은 그 자리에서 바로 끝내는 것이 요령이다.

일에 대한 평가는 일의 결과에 대한 기대치와 달성도 사이의 관계에 의해 결정된다. 큰 기대를 걸지 않았던 사람이 어려운 과제를 해냈을 경우에는 의외의 성과에 놀라며 모두들 칭찬할 것이다. 하지만 경험도 풍부하고 실력이 있다고 인정받는 사람이라면 '그 사람이라면 할 수 있을 거야.'라는 생각 때문에 실제로 잘 해냈더라도 그것을 아주 당연하게 여긴다.

당신에 대한 주위의 기대치는 당신이 성공하면 할수록 당신의 의도와는 상관없이 높아지므로 인정받으려면 더 많은 노력과 수고를 기울여야 한다. 따라서 상대방의 기대치가 급격히 높아지지 않도록 연구하는 일도 자위책으로서 생각해 보기 바란다.

기대치가 너무 높아지지 않게 하려면, 일을 맡을 때 '이 정도까지가 최선'임을 미리 선언하면 된다.

"이 일을 부탁해도 될까?"라는 질문을 받으면 당신은 그 일의 내용을 먼저 확인할 것이다. 간단히 처리할 수 있다고 생각하면 그냥 맡으면 되지만 조금 자신이 없는 경우도 있을 수 있다. 그런 경우는 대체로 상사 쪽에서도 "할 수 있겠어?"라고 물어 올 것이다.

자신이 그 분야에서 더 큰 일에 도전할 수 있는 여유
가 있다는 뜻을 전하고 싶을 때는 "괜찮습니다."라고 대
답하고 열심히 노력해서 완성하면 된다. 여유가 없을 때
는 "해보겠습니다."라고 대답한 뒤 "하지만 좀 힘들겠네
요."라고 한마디 덧붙이는 것이 요령이다. '괜찮다.'고 대
답하면 '할 수 있다는 뜻이구나.'라고 생각하고 기대치를
높이지만, '좀 힘들겠다.'는 말을 들으면 '확실히 좀 어려
울지도 모르겠어.'라고 생각하며 기대치를 낮춘다. 똑같
은 결과를 달성하더라도 기대치가 낮았을 때 더 강한 인
상을 남기게 되므로 평가 시 인정받을 수 있는 가능성이
훨씬 높아진다.

물론 이 방법에는 일장일단이 있지만 당신이 도전하
고 싶은 분야가 아니라면 기대치는 낮게 묶어 두는 것이
최선이다.

 남보다 쉽고 빠르게 일하는 *요령*

· 일의 목표는 최대한 신중하게 결정한다.
· 일의 성과는 되도록 간단한 방법으로 달성한다.

가장 먼저 할 일은 일의 도달점(목표)을 정하는 것이다. 물론 그 목표는 도달했을 때 높은 평가를 받을 수 있어야 한다. 그리고 가능한 쉽고 간단한 방법을 선택해서 실행한다.

타인의 시점에서
자신을 컨트롤하라

자신을 객관적으로 볼 수 있다면 기회는 내 것이 된다

조직이 나아가는 방향에 보조를 맞추면서 자신의 소질을 발휘하는 사람을 보면 사람들은 '저 사람은 능력을 펼칠 기회를 얻은 행운아야.'라고 생각한다. 그러나 그들은 행운아가 아니라 스스로 자신의 능력을 발휘할 방법을 연구하고 자신의 부가가치를 극대화하기 위해 시행착오를 겪어 온 사람들이다.

《《《 함께 일하는 동료의 역할을 파악하라

당신이 현재 종사하는 일에서 함께 일하는 사람은 몇 명이나 되는가? 직접적인 관련이 있는 사람은 직속 상사 한 사람뿐일 수도 있고, 큰 프로젝트를 총괄하고 있는 상황이라면 수백 명의 사람들과 접촉해야 하는 경우도 있을 것이다. 제품의 사용설명서를 작성하는 사람이라면 본연의 업무 성격은 독립적일지 모르지만 설계 등 다른 직종의 직원들과 늘 조율해야 할 것이다. 여행사에서 고객의 상담을 받는 사람이라면 같은 일을 하는 동료들이 여러 명 있어서 고객의 주문이나 질문에 대해 그들의 지혜를 빌려 한 건 한 건 해결하고 있을 것이라 생각한다.

중요한 것은 같은 프로젝트나 업무에 종사하는 다른 직원들이 각자 어떤 역할을 하고 있는지, 어떤 개성을 활용하고 있는지 정확히 파악하는 일이다.

자신의 역할을 이해하려면 왜 현재와 같은 멤버로 구성되었는지 생각해 보는 것이 지름길이기 때문이다. 가끔 내가 왜 있어야 하는지, 내게 기대되는 것이 무엇인지 알 수 없는 회의에 불려 가는 경우가 있다. 하지만 일반적으로 총괄자는 어떤 의도 아래 직원을 배치한다. 조직 전체가 어떤 균형을 이루며 돌아가고 있는지, 누가 무슨 일을 하고 있는지, 그는 왜 그 일을 하고 있는지, 주위에서 당신에게 요구하는 사항은 무엇인지, 당신은 주위로부터 어떤 역할을 기대하는지 한번 충분히 생각해 보기 바란다.

신중히 관찰하다 보면 누가 일을 잘 하는 사람이고 누가 일을 못하는 사람인지 구별할 수 있다. 또 누가 핵심 인물이고 누가 있으나마나 한 인물인지도 알 수 있다. 물론 그런 사실을 알았다고 해서 사람을 간단히 움직일 수 있는 것은 아니지만 그런 사고와 문제의식을 갖는 것이 요점을 파악하는 당신의 능력을 키워 줄 것이다.

《《《 시간과 능력을 확인하라

일을 시작하기 전에 자신의 시간과 능력이 얼마나 되는지 정확히 파악해 두자. 이 점은 요령이 나쁘다고 생각되는 사람에게 흔히 결여된 시점이다.

당신이 어떤 조직에서 일하고 있다면 반드시 당신의 일이 끝나기를 기다리는 사람이 있다. 그 사람은 옆자리에 앉아 있는 동료일 수도 있고 당신의 상사일 수도 있다. 또 거래처 직원일 수도 있고 외국 지점에서 메일을 기다리는 동료일 수도 있다. 어쨌든 당신의 일이 끝나지

않으면 앞으로 나갈 수 없는 사람이 있다는 점을 기억하
자.

그 사람들은 당신의 일이 늦어지면 늦어질수록 일할
수 있는 시간이 짧아지거나 마감시간이 지체되는 등 영
향을 받게 된다.

누구나 일을 부탁한 사람으로부터 연락이 오기를 초
조하게 기다려 본 경험이 있을 것이다. 혹은 다른 사람
의 일이 늦어지는 바람에 자신에게 주어진 시간이 점점
짧아지는 것에 신경을 곤두세운 경험도 많이 했을 것이
다.

그런데 다른 사람을 기다리게 하는 사람일수록 다른
일 사이에 짬을 내서 잠깐씩 손을 대는 정도로 일하고
나머지 시간에는 담배를 피우러 나가거나 잡담을 하는
등 쉬엄쉬엄 일하는 사람이 많다. 아무튼 전체적인 스케
줄을 파악하지 못하는 사람은 자신이 담당한 일만 끝나
면 모든 일이 끝이라는 감각으로 일을 한다.

자신의 능력, 좀더 구체적으로 말하면 자신이 할 수
있는 일과 할 수 없는 일이 무엇인지 모르는 사람도 똑
같은 문제를 야기한다.

담당자를 배정할 때 무리는 없는지, 마감시간이 언제

인지 두 번 세 번 확인을 했는데도 마감시간 직전이 되어서야 "역시 못할 것 같아요."라고 말해 프로젝트를 엉망으로 만드는 사람도 있다.

할 수 없는 일은 맡지 말아야 한다. 당신을 믿고 일을 맡긴 사람은 그에 따른 모든 위험부담을 안고 당신에게 일을 맡기는 것이다. 그러므로 자신이 할 수 있는 일과 할 수 없는 일을 정확히 파악해 두는 것은 일할 때 꼭 필요한 요건이자 당신의 의무다.

《《 시간이 부족할 때일수록 경험을 활용하라

처음부터 시간이 부족한 가운데 일을 진행해야 할 경우가 있다. 그럴 때는 시간을 어떻게 컨트롤하느냐가 성과에 직접적인 영향을 미친다.

만성적으로 템포가 빠른 일, 또는 일 처리 속도가 중요한 일도 있는데 예를 들어 금융기관에서 거액의 거래를 취급하거나 매스미디어 일 등이 그렇다. 그렇게 시간을 다투는 업종에서 일하는 사람들은 시간을 효율적으로 사용하는 특별한 노하우가 있지 않을까? 분명히 방송국에서 뉴스속보나 특별프로그램을 제작하는 사람들은 제한된 짧은 시간 안에 효과적으로 일을 처리하는 어떤 요령을 갖고 있을 것이다. 그래서 나는 뉴스 프로그램 연출을 맡고 있는 친구에게 갑자기 큰 사건이나 사고가 발생했을 때는 어떻게 대처하는지 물어보았다.

그런데 돌아온 대답은 의외로 "하는 일은 기본적으로 평상시와 똑같다."는 것이었다. 덧붙여서 그는 "다만 평소에 축적해 둔 것을 최대한 활용하거나 짧은 시간에 응축해서 빨리 하는 것일 뿐"이라고 말했다.

그의 말에 따르면 평소에 스텝들 각자가 긴급한 상황에 대비해 장르별로 전문가의 데이터베이스를 구축하고 자기만의 철칙을 가지고 관리한다고 한다. 예를 들면 갑자기 북한에서 어떤 큰 사건이 발생하여 그와 관련된 특별프로그램을 제작해야 한다고 하자. 프로그램 제작팀은 먼저 북한 주요 연구자들이 어디 있든지 연결할 수 있도록 미리 확보해 둔 데이터베이스의 연락처를 토대로 닥치는 대로 전화를 걸어 의견을 듣는다. 그리고 현장정보를 세세하게 파악한다. 유명인사들의 프로필과 역사적 관계 등에 관해서는 언제든지 소개할 수 있도록 평소에 짧은 비디오 클립으로 정리해 두고 그것을 활용한다. 예전에 같은 주제로 방송이 나간 적이 있었다면 되도록 그것을 많이 확인해 둔다.

결국 "시간의 많고 적음의 차이일 뿐 기본적으로 하는 일은 똑같다."는 그의 말이 사실인 것이다. 단지 그 상황에서 필요한 정보를 알아내기 위해 무조건 알 만한 사람에게 물어보고, 각종 정보를 끌어 모으는 것이 추가되는 일일 뿐이다.

이처럼 위의 경우에서도 알 수 있듯이 시간이 없을 때는 지금까지 경험한 적이 없거나 불확실한 일은 하지 말아야 한다. 그리고 무엇을 해야 할지 모를 때는 알 만한 사람에게 '무조건 물어야' 한다.

높이 평가받는 사람치고 한가한 사람은 없다. 그런 사람이 당신의 형편이 좋을 때 반드시 의논 상대가 되어 준다는 보장은 없다. 상담을 하고 싶어도 시간적인 여유가 없을 수도 있고, 완성된 자료를 봐 달라고 부탁하고 싶어도 출장을 떠나고 없을 수도 있다. 자신의 일을 추진하기 위해서 확인이나 상담이 필요하다면 상대방의 스케줄을 확실히 파악해 두는 일은 기본 중의 기본이다.

최근에는 컴퓨터상의 그룹웨어에서 스케줄을 관리하는 사업장도 많아져서 자신과 관계된 프로젝트 멤버의 스케줄은 인트라넷에서 확인할 수 있는 경우도 많다. 회사에 따라서는 아웃룩(Outlook) 등의 응용프로그램으로 통일하여 사용하는 경우도 있다. 우리 회사에서도 프로젝트상 연관되는 일이 있을 때 프로젝트 관리자에게 "스케줄·프로그램에 대한 접근권을 허가해 주세요."라고 부탁하면 전혀 다른 부서에 소속된 사람의 스케줄도 간단히 확인할 수 있게 되어 있다.

언제나 일의 흐름과 관계자의 스케줄을 확인해 두는 것이 일을 원활히 진행하는 한 가지 요령이다.

《《 상사의 역할을 생각하라

과거에는, '누가 가장 먼저 부장으로 승진했다더라.', '그곳 지점장이 되는 것은 엘리트 코스라고 하더라.'는 등 입사동기들 간에 승진을 다투던 시대가 있었다. 하지만 지금은 어느 세대에서나 전직이 일반화되어 동기라는 개념조차 희미해졌다. 혹시 전직 경험이 없는 사람이라고 하더라도 경쟁상대는 입사 동기라기보다는 수직적인 세대 간이라는 생각이 든다.

일본의 조직이 아직도 연공서열에 근거한다고 알고 있다면 최근의 사정을 잘 모르는 사람이다. 요즈음은 부

괜히
쓸데없는
말을 해서…
좌천? 해고?
도대체 왜
저러는 거야?

하직원보다 상사가 훨씬 젊은 경우도 심심치 않게 볼 수 있다. 설사 지금은 상사의 위치에 있더라도 곧 처지가 뒤바뀔지도 모르는 일이다. 많은 상급 관리자들은 아무리 높은 자리에 있더라도 해고나 좌천 그리고 시대의 변화에 뒤쳐지지 않을까 하는 두려움 때문에 늘 불안해하고 있다.

한편으로는 필요 이상으로 조심스러워 하는 젊은 직원들이 많다. 혹시라도 '저 사람은 상사니까 반대의견을 말하면 안 되겠지.'라거나, '내가 생각하는 정도는 이미 모두 알고 있을 거야. 그러니까 쓸데없는 말은 하지 말아야지.'와 같은 생각을 해본 적은 없는가?

오해해서는 안 된다. 지금 관리직에 있는 사람들은 대부분 그들보다 젊고 경험이 적은 사람이 늘어났기 때문에 상대적으로 지위가 높아져 지금의 그 위치에 있는 것이다. 한 인간으로서 존중하고 경의를 표해야 하는 것은 당연한 일이지만 지위가 높은 사람이라고 해서 자신의 의견이나 의문을 제기하지 않는 것은 잘못된 일이다.

지위가 높은 사람에 대한 심리적인 압박은 누구나 어떤 식으로든 가지고 있다. 하지만 이 벽을 어떻게든 넘지 않으면 그것은 자신의 소질을 살려서 일하려고 할 때 커다란 장애가 될 수밖에 없다.

예를 들어 당신이 감독이라고 한다면 상사와 자기 자신 그리고 동료를 모두 이용해서 일 전체의 성과를 최대한 높이기 위해 누구에게 무엇을 맡길 것인가? 아마 핵심이 되는 인물은 당신의 상사일 것이다. 상사가 어떤 역할을 맡으면 좋을지 무대감독이 되어 생각해 보기 바란다. 언제나 던져진 일만 하는 것이 아니라 가끔은 상사의 역할에 대해서도 생각해 보는 것이다. 자신은 감당하기 어려운 부분일지라도 상사라면 쉽게 해낼 수 있는 방법이 있을지도 모른다. 그런 사고가 일을 순조롭게 추진하기 위한 한 가지 요령이 될 수 있다.

《《《 회사에서의 자신의 부가가치를 인식하자

당신이 지금 그 회사에 고용되어 일하고 있는 이유는 무엇일까? 그 이유가 바로 회사가 당신에게 거는 기대다. 우선은 그 기대가 무엇인지부터 파악해 보자.

어쩌면 심부름꾼이 필요했을 수도 있다. 그래서 경험이 없는 당신이 채용되었다고 하자. 지금 당신에게 요구되는 것은 가벼운 육체노동과 신속성 그리고 단순하지만 부탁 받은 일을 확실히 처리하는 안정성이다.

 남보다 쉽고 빠르게 일하는 요령

혹은 전에 일하던 부서의 정보와 인맥이 필요해서 당신을 찾았다고 하자. 당신에게 지금 요구되는 것은 전 부서와 현 부서간의 정보 파이프 기능과 양쪽을 중개하는 설득자 역할이다.

혹은 외국계 회사에서 사업을 확대하기 위해 현지 영업 직원을 채용하거나 특정 시스템 개발안건을 총괄할 수 있는 경험과 기술을 지닌 사람을 찾는 경우일 수도 있다. 당신이 지금 어디에서 어떤 일을 하고 있든지 간에 거기에는 채용자의 의도가 있다.

기대에 응할지 기대를 어길지는 당신의 자유다. 하지만 회사에서 인정하는 자신의 부가가치를 인식하지 못한 채 기대에 어긋나는 행동을 하는 것은 위험한 일이다. 회사에서 인정하는 당신의 부가가치는 당신이 그곳에 있기 때문에 실현되는 일, 당신이 없다면 할 수 없는 일, 다른 사람은 흉내 낼 수 없는 일이다. 누구나 할 수 있는 일은 당신의 부가가치라고 할 수 없다. 당신은 다른 사람이 당신의 부가가치라고 인정하는 바로 그 일 때문에 그곳에 있는 것이다. 그러므로 당신에게 거는 기대가 곧 당신의 부가가치가 된다.

당신의 부가가치는 자신도 알지 못하는 사이에 주위

사람들에게 안겨 주는 기대감이며 다른 말로 표현하면 당신이라는 브랜드다. 브랜드는 기대를 가지고 구입했는데 역시 기대한 만큼의 가치가 있음을 확인했을 때 또 다시 구입하는 사이클을 형성한다. 구입했는데 기대에 어긋난다면 브랜드 이미지는 깨지고 만다.

그런데 만약 당신이 회사에서 인정하는 당신의 부가 가치에 만족하지 못할 경우는 어떻게 할 것인가? 또는 지금은 만족하고 있더라도 앞으로는 새로운 브랜드 이미지를 보여 주고도 싶을 것이다. 그럴 때는 당신에게서 새로운 가치를 발견하도록 만드는 것이 한 가지 방법이다. 지금까지 인정받아 온 가치를 유지하면서 당신에게 알지 못했던 가치가 있다는 점을 깨닫게 해주는 것이다.

요령이 좋은 사람은 자신에게 거는 최소한의 기대를 만족시키면서 자신이 내세우고자 하는 새로운 가치를 살짝 내비친다. 그 다음은 '이런 부분을 한번 시험해 보세요.'라는 식으로 티를 내지 않고 제안한다. 당연히 원래 기대했던 일의 수준을 만족시켰기 때문에 회사나 상사 쪽에서도 또 다른 기회를 주려고 생각할 것이다.

반면 요령이 나쁜 사람은 상사가 기대하는 최소한의

구실도 다하지 못하고 일만 마구 휘저어 놓는다. 당신을 채용하기로 결정한 사람은 당신이 조직에서 충분히 제 역할을 다할 것이라고 판단했기 때문에 당신의 신용을 믿는 위험부담을 안고 결단을 내린 것이다. 그런데 그 기대를 어기면 당신을 믿었던 사람은 그 대가로 매우 난처한 상황에 처하게 되거나 어떤 식으로든 그 대가를 치르게 될 것이다. 그리고 당신은 자신의 능력도 제대로 분별하지 못하는 사람으로 낙인 찍혀 완전히 신용을 잃게 될지도 모른다.

자신에게 기대되는 부가가치를 잘못 인식하면 그 후에 생길 기회를 놓쳐 버릴 위험이 있다.

《《《 자신의 부가가치를 파악한 뒤에
자신이 내세우려는 '간판'을 내걸어라

당신의 부가가치는 당신이 보여 주고 싶어서 계속 보여 온 것만은 아닐 것이다. 사실은 컴퓨터를 그다지 좋아하지 않았는데 때마침 지금 있는 부서에서 달리 할 사람이 없어서 네트워크 담당자가 됐을 수도 있다. 주위에서는 "컴퓨터라면 ○○씨에게"라며 질문하러 올 만큼 인정을 받고 있는 상태일지도 모른다.

그런 기대감은 활용해서 손해 볼 것은 없다. 적어도 지금 그 직장에서 네트워크 시스템에 대한 지식은 당신이 넘버원이라면, 본사의 IT 시스템 도입 프로젝트가 발족된다고 했을 때 부문대표가 될 수도 있을 것이다. 어느 정도의 예산을 사용해서 도입한 후에 이러이러한 효과가 나타났다는 기록을 남기면 그것은 당신의 실적이 된다.

'나는 정말 그 일이 싫어.'라고 생각하는 사람도 있을 것이다. 원하지 않았는데 어느새 그런 역할을 맡게 되어 가능하면 그만두고 싶다고 생각하고 있을지도 모른다. 그런 사람은 누군가에게 그 역할을 넘기는 방법을 생각할 수밖에 없다. 자신보다 적합한 사람을 지명할지 아니면 새로 채용할지를 판단해야 한다. 새로 채용할 경우에는 예산이 필요하므로 전년도에 세운 사업계획 예산에 편성되어 있지 않다면 당장은 어려울지도 모른다. 또한 "누군가를 새로 고용하면 당신은 이제 필요 없어."라는 말을 듣게 될 수도 있다. 그런 경우에 대비해 시나리오를 생각해 둘 필요도 있다.

"컴퓨터에 대해서라면 ○○씨에게 물어라."라는 말을 듣고 싶지 않을 때 발전적으로 대처하는 방법은 컴퓨터

외에 다른 쪽에서도 그와 비슷한 수준의 능력을 발휘하는 것이다. 예를 들면 컴퓨터 대신 "영어라면 ○○씨에게 물어라."라는 말을 듣게 만들라는 말이다. 컨설팅업이나 변호사 업무 등과 같은 고객 비즈니스라면 특정업계에 대해 정통해 있다든지 전문지식을 습득하라. 예를 들어 "바이오테크놀로지 업계라면 ○○씨에게 물어라."라는 말을 듣도록 하는 것이다. 다시 말하면 자신이 개발하고 싶은 분야, 부름을 받고 기뻐할 분야의 간판을 내걸고 적극적으로 홍보하라는 뜻이다.

상사를 비롯한 주위 사람들은 당신에게 어떤 일을 맡기는 것이 가장 좋은지 알지 못한다. 그러니 달리 하고 싶은 일이 있다면 그 일을 '할 수 있다'고 알리는 간판을 내걸어야 한다. 서점 간판을 달고 있는 가게에서 채소를 달라고 주문하는 이는 없다. 다시 말해 책을 팔고 싶으면 서점 간판을 내걸고, 야채를 팔고 싶으면 '야채가게'라는 간판을 내걸어야 한다는 말이다.

마케팅 일을 하고 있다면 조사 분석 담당인지 프레젠테이션 담당인지 업계관계자의 인맥 담당인지, 혹은 온갖 미디어를 관리하는 매체정보 담당인지를 분명히 밝히자는 것이다.

《《《 말 뒤에 숨겨진 의도를 읽어라

내가 예전에 팀의 리더로서 일을 맡고 있었을 때의 일이다. 새로운 프로젝트를 준비하느라 연일 장시간 근무가 계속되던 때였는데 상사가 "내일 하루는 푹 쉬어도 좋다."는 말을 했다. 나는 의외의 말에 조금 놀라기는 했지만 배려를 고맙게 생각하고 쉬기로 했다.

그리고 시간이 얼마간 흐른 뒤, 나는 상사로부터 그날의 일에 대해 "실망했다."는 말을 듣게 되었다. 그 내

 남보다 쉽고 빠르게 일하는 요령

막은 이러하다.

나처럼 그 상사도 연일 계속되는 장시간 근무에 똑같이 지칠 대로 지쳐 있었다. 나에게 쉬라는 말은 했지만 사실 속으로는 "저는 괜찮으니까 먼저 쉬세요."라는 말을 조금은 기대했다고 한다. 그리고 만일 자신보다 주위 동료들을 정말로 염려하는 모습을 보였다면 모든 일을 맡길 생각이었다는 것이다.

후회해도 이미 때는 늦었다. 나는 기회를 놓쳐 버린 것이다. 물론 "그런 기대는 입 밖으로 표현하지 않으면 모르지 않나요?"라고 말할 수도 있을 것이다. 하지만 사람은 "이 사람이 과연 알아줄까?"라며 무의식중에 시험하는 경우도 있다.

고지식한 사람은 남이 말할 때 무슨 말을 하는지만 이해하려고 애쓰지만, 어떤 경우에는 그 사람이 왜 그렇게 말하는지 이해하는 일이 더 중요하다. 말에는 반드시 말하는 사람의 기분이 반영되기 때문에 그것을 간파하는 것이 상대를 이해하는 단서가 된다. 바꾸어 말하면 말에 주관이 들어 있지 않은 경우는 거의 없다고 해도 과언이 아니다. 객관적인 위치에 서려고 노력하는 일은 있을 수 있어도 '객관적인 의견'이라는 것은 실제적으로 있을 수 없다. 사람은 각자의 가치관대로 말하며 그때 편견이 끼어들 수밖에 없는 것이다.

남이 하는 말을 곧이곧대로 믿고 수긍하는 사람은 머리를 별로 쓰지 않는 단순한 사람이다. 왜 지금 그 사람이 그런 말을 할까? 왜 그런 식으로 말할까? 그런 점들을 생각하면서 들으면 일의 요점이 눈에 들어온다. 상대를 감탄하게 만드는 포인트와 만족시키는 조건, 자신에게 거는 기대수치를 알 수 있다.

· 자신의 역할, 상사와 동료의 역할, 현재 상황, 이 3가지를 객관적으로 파악할 것

할당된 시간, 그 일에 필요한 자신의 능력, 주위와의 역할 분담 등을 늘 의식하며 일해야 한다. '어차피 나는 안 돼', '나에게 그런 능력은 없어'라고 감정적으로 생각해서는 안 된다. 설사 '능력의 결여'를 깨달았다고 해도 그 사실을 전제로 일을 마치기 위해 해야 할 일을 파악하고 그에 맞는 최선의 행동을 취해 나간다면 훌륭하게 일을 해냈다고 말할 수 있다.

어떻게 하면
남을 놀라게 할지 생각하라

'놀라움'이 당신을 세일즈하는
계기가 된다

자신이 원하든 그렇지 않든 간에 사람은 조직 속에서 늘 비교당하며 주위 동료들과의 관계 속에서 평가받는다. 예를 들어 어떤 프로젝트를 추진하기 위해 모인 수많은 직원들을 보고 관리직에 있는 평가자는 경험을 통해 '이 정도 경험이 있는 직원은 12명 정도, 이 방면에 능력이 뛰어난 직원은 5명 정도'라고 즉석에서 대강 파악할 수 있다.

그럴 때 주목을 받고 기회를 얻으려면 당신에게 장래

성이 있다는 사실을 계속해서 전달해야 한다. 그 장래성을 느끼게 하는 계기가 '놀라움'이다. '오, 잘 하는데.'라고 생각하게 만들었다면 당신은 승리한 것이다.

어느 유명 헤드헌팅 회사에서 사람들이 전직하려는 동기를 조사했는데 몇 년 전까지만 하더라도 "업계와 회사 체제에 불만이 있어서"라고 답한 환경 불만형이 가장 많았다고 한다. 그런데 최근에는 "나는 더 높은 연봉을 받을 자격이 있다."라고 대답한 평가 불만형과 "더 돋보이는 일을 하고 싶다."라고 대답한 업무 불만형이 늘어났다고 한다. 사실 미국의 비즈니스스쿨에 입학하는 각국의 학생들도 '일을 그만두고 대학원에서 공부하는 이유'에 대해 비슷한 대답을 한 것을 보면 이것은 세계적인 경향인지도 모르겠다.

어쨌든 '더 도전적인 일을 하고 싶다!'라는 희망을 가진 사람이 많다는 것만은 확실하다. 특히 대학을 졸업하자마자 신입사원으로 입사해서 10년 정도까지는 무슨 일에나 도전해 보겠다는 의욕이 있다. 그러나 사회생활에 익숙해지고 일정 시간이 지나면 이러한 도전의식은 차차 사라지게 된다. 10년이 지나 동창회에서 옛 친구들을 만나면 모두 성격이 둥글둥글해져서 "이젠 어른이 됐어."라는 말들로 서로 위로하는 광경도 자주 볼 수 있다.

이러한 변화를 기업과 업계의 문화와 체질, 인사제도의 탓으로 돌릴 수도 있지만 당신의 커리어 플랜을 실현하는 데는 아무런 도움이 되지 못한다. 매너리즘에 빠져 있을 때 어떻게든 기회를 잡기 위한 방법으로 많은 사람들이 선택하는 길이 전직이다.

목적이 전직이든 사내 승진이든 연봉 인상이든지 간에 방법은 동일하다. 자신의 실적을 인정받으면 되는 것이다. "당신이 생각하는 것보다 나의 능력은 훨씬 뛰어나다."는 점을 인정받고 자신이 원하는 역할과 요구를 들어주도록 합의를 얻어내야 한다.

도전을 원하는 사람은 늘 자신의 능력을 드러내고 평가받기 위해 노력해야 한다. 요령이 좋은 사람은 전략적으로 '놀라게 하는' 방법을 통해 그것을 실천하고 있다.

≪≪≪ 만족은 기본, 놀라게 만들자

만족도를 높여야 한다는 말을 자주 듣는다. 고

객만족도가 높아지면 소비자의 반복구매가 이루어지고, 사원만족도가 높아지면 회사에 대한 공헌도가 올라간다.

커리어도 똑같은 관계가 성립한다. 일을 부탁했을 때 완성도가 만족스러우면 다시 일을 부탁하게 되고 지속적인 관계가 형성된다. 그런데 상대방의 만족도를 계속 높여 나가는 일은 그리 쉬운 일이 아니다.

요령이 좋은 사람 중에는 일을 할 때 주위를 만족시키려고 하기보다는 '어떻게 하면 내가 맡은 일에서 주목을 받을 수 있을까?', '더 중요한 일에 도전할 준비가 되어 있다고 인정받을 수 있을까?'를 생각하며 일에 임하는 사람이 많다. 그 이유는 무엇일까? 요령이 좋은 사람들 중에는 맡은 일을 해낸 뒤 다음번에도 한 단계 더 높은, 더 도전적인 일을 통해 계속 성장할 수 있기를 원하는 사람이 많기 때문이다.

같은 유형의 일을 대량으로 수주 받으면 되는 업무는 요구하는 대로 혹은 기대하는 대로만 하면 된다. 동네 세탁소가 그 좋은 예다. 세탁소에 와이셔츠를 맡기면 다음날에는 깨끗하게 다림질까지 해서 가져다준다. 그것은 기대했던 대로의 성과다. 일의 완성도(성과)가 일정 수준으로 보장된다면 더할 나위 없을 것이다. 그런 세탁소라면 계속해서 옷을 맡기게 된다.

시일이 지날수록 세탁기술이 향상되는 부분도 있을 수 있겠지만 기본적으로 세탁소에서 하는 일은 동일하다. 가격도 어떤 다른 큰 부가가치가 더해지지 않는 한 물가인상률 이상으로 올리기 어렵고, 갑자기 매상이 오르거나 수익률이 높아지는 일도 없을 것이다.

이에 반해 자신의 커리어를 생각하는 사람이나 어려운 일에 자꾸 도전하려는 사람, 즉 일의 요령을 생각해야 하는 사람은 남들의 신뢰를 받아 더욱 중요한 책임을 맡을 수 있기를 바랄 것이다. 당신이 그런 사람이라면 비슷한 일만 계속 맡아서는 안 된다. 또한 자신이 더 크고 중요하며 도전적인 일을 해낼 수 있을 만큼 충분한 실력을 갖추고 있다는 점을 주위에 인식시켜야 한다.

이럴 때 요령이 좋은 사람들은 '놀라움'을 주는 일에 우선순위를 둔다. 이 방법의 장점은 우선 주목을 받기 위해 필요한 자극을 준다는 효과가 있다. 그리고 자신의 의견과 행동, 일처리 방법 등을 신선하다고 여기게 하거나 나만의 가치라고 생각하게 만들기 쉽다는 점도 있다.

심리학적으로 말하면 놀라움이라는 감정의 변화는 감탄과 평가로 이어지기 쉽다.

그런데 여기서 말하는 '놀라움'은 자신에게 기대하는 수준을 충분히 만족시키는 동시에 남들이 미처 생각지 못한 시점을 추가하는 등 원래 기대했던 점 외에 다른 플러스알파를 만들어 내는 것이다.

«« 일에서 '놀라움'을 이끌어 내는 법

정확히 일을 마무리하면서 예상치 못한 아이디어까지 덤으로 내놓아 상대를 놀라게 하려면 노력이 필요하다. 요령 있는 사람들은 놀라움을 어떤 식으로 일에 도입하고 있을까? 다음에 몇 가지 사례를 소개한다.

❶ 응답은 신속하게

대기업 광고회사의 마케팅 부서에서 일하고 있는 한 친구는 메일 답신이 누구보다 빠른 사람이다. 메일을 보내고 5분만 지나면 벌써 답장이 도착해 있는 경우가 대부분이다.

보통 메일을 사용하는 것은 '상대방도 바쁘고, 굳이 전화를 걸어서 해결해야 할 만큼 급한 일은 아니'라고 생각하기 때문이므로 보내는 쪽에서는 하루에서 반나절 정도의 시간을 두고 답장을 기다린다. 그런데 5분이나 10분 만에 답장이 온다면 놀랍고 감격스러운 일일 것이다.

신속히 답변하려면 도대체 어떤 노력이 필요할까? 하루에 100건 정도의 메일을 받고 하루하루 그 처리에 쫓기고 있다는 A씨는 메일 프로그램의 라벨달기 기능을 활용하고 있다. 대량으로 도착하는 이메일을 자동으로 색깔 구분을 하도록 설정해 두는 것이다.

구체적으로 보면 '수신인이 자기뿐'인 메일은 빨간색으로, '수신인이 자신을 포함'하는 메일일 때는 파란색으로 표시하도록 설정해 둠으로써 파란색 메일은 읽는 순서를 나중으로 미루고 있다. 즉 자신이 답장하지 않으면 남에게 불편을 끼칠 가능성이 높은 순서대로 읽는 것이다.

연락 창구를 하나로 통일시키는 사람도 있다. 음료 제조업체에서 알코올음료의 브랜드 매니저로 일하고 있는 B씨는 상품기획에서 광고까지 수많은 관계자들과 함께 일하고 있다. 그는 자택 전화 등 복수의 연락창구를 두지 않는 것을 원칙으로 정하고 가족, 친구, 거래처의 연락을 모두 휴대전화 하나로 처리하고 있다. 또한 거래처에도 자신에게 연락할 일이 있을 때는 회사 전화 대신 휴대전화로 연락하도록 부탁하고 있다.

그래서 관계자에게 1년 내내 아무 때나 주저 없이 연락하도록 부탁한다고 한다. 외출과 출장이 잦아서 메일을 확인할 수 없는 경우가 어쩔 수 없이 생기기 때문에 모든 연락을 휴대전화 하나로 통일하고 메일도 가급적 사용하지 않기로 정한 것이다. 자신이 이용할 수 없는

 남보다 쉽고 빠르게 일하는 요령

도구로 답장을 기대하게 만드는 것보다는 확실히 연락할 수 있는 방법으로 상대에게 신뢰를 주는 편이 좋다.

❷ 인식시키는 방법에서도 독창성을 발휘하라

대학 수업에서 자신의 분석을 정리해서 구체적인 제안을 내놓으라는 과제가 주어졌다고 하자. 전공이 예술이나 건축 분야가 아니라면 워드로 타이핑하거나 프레젠테이션 소프트웨어로 작성한 슬라이드 형식의 리포트를 제출하면 된다고 생각할 것이다. 그런데 미국 대학의 사정은 좀 다르다.

뉴욕 유학 시절에 나는 수업시간에 과제가 있을 때 제출하는 결과물이 실로 다양하다는 사실에 놀랐다. 업계 관계자의 인터뷰를 비디오테이프에 담아 오는 사람, 광고와 상품 샘플을 보기 쉽게 케이스에 넣어 오는 사람, 심지어 웹사이트를 만들어서 그 URL(Uniform Resource Locator)만 전달하는 사람도 있었다. 반면에 내 작품은 워드로 문자만 입력해서 출력한 뒤 흰 종이를 스테이플러로 철한 단순한 것이었다. 물론 문제는 겉모양이 아니라 내용이지만 내 과제물이 초라해 보여서 비참했던 마음이 들었던 것을 지금도 잊을 수가 없다.

여기서 내가 하고 싶은 말은, 과제를 제출하라고 했을 때 '종이' 이외의 다른 것을 얼마든 활용할 수 있었는데 미처 그 생각을 하지 못했다는 점이다. 좋은 내용을 담겠다는 마음은 누구나 똑같다. 나는 그 내용에 이목을 집중시키는 계기를 만드는 노력을 게을리 한 것이다.

눈에 보이는 차이는 분명하다. 과제물로 비디오테이프가 도착했다고 하자. 검토하는 입장에서 보면 귀찮을 수도 있지만 대체 어떤 내용이 담겨 있을지 기대하게 된다. 좋은 평가를 받으려면 우선 상대가 '오, 이 사람은 조금 다른데'라고 생각할 정도로 주목을 끌어야 한다. 그러기 위해서는 주목을 끌 만한 계기를 주는 독창성을 발휘하는 일이 중요하다.

❸ 스스로 행동을 취하라

누구나 남의 소문을 이야기할 때는 우선 그와 관련된 에피소드를 끄집어낸다. "이러이러한 일을 하는 사람이 있어."라는 말로 시작하는 것이다. 그만큼 행동은 남의 주의를 끌고 강한 인상을 남긴다. 이것을 일의 요령으로서 전략적으로 활용하고자 할 때 중요한 것은 '지시를 받았기 때문에 행동하는 것'이 아니라 '자발적으로 생각해서 행동해야 한다'는 점이다. 평소 같으면 아무 일도 없었을 텐데 당신이 '어떤 일이 일어나게 했다'는 점에 가치가 있는 것이다.

바쁘게 움직이고, 프레젠테이션을 하며, 출장을 가고, 중요한 인물과 약속을 잡고, 관계자를 설득하며, 인사이동을 신청해서 실현하고, 자신의 아이디어를 발전시켜 새로운 기획안을 통과시킨다.

어떤 일을 할지는 당신에게 달렸다. 요령이 좋은 사람은 본인이 의식하고 있든 그렇지 않든 자신이 하는 일 중에서 몇 가지라도 스스로 계획한 행동을 실행에 옮긴다.

어느 날 갑자기 "이번에 회사를 그만두고 유학을 가기로 했습니다.", "중소기업진단사 자격증을 취득했습니다."라는 내용의 메일을 받거나 연락을 받는 일이 있다. 그러면 자극을 받아 '음, 미래를 위해 항상 노력하는군. 무시하지 못하겠는걸. 나도 뒤질 순 없지.'라고 생각해 그 사람의 행동에 관심을 기울이기도 한다.

반대로 변화가 없는 사람을 화제에 올려 오래 이야기한다는 것은 상당히 힘든 일이다. 한동안 만나지 못한 사람에 대해 "그 사람 요새 어떻게 지내?"라고 물어도

"응, 여전해."라는 말로 대화가 끝나 버리고 만다.

"갑자기 행동을 취하라니, 어떻게?"라고 말하는 사람은 우선 행동 계획부터 세워 보자. 우리는 매년 연초에 새해 목표를 세우는데 그것보다 훨씬 구체적이고 자세한 행동 계획을 하루하루 세워 보는 것이다. '이번 주 안으로 이 책을 다 읽어야지', '토요일에는 보고 싶었던 영화를 보러 가야지'와 같은, 우선은 일과 관계없는 것부터라도 행동 계획을 세워 보기 바란다.

요컨대 일의 흐름 속에서 자발적으로 끊임없이 변화를 만들어 나갈 수 있게 되는 것이 목적이다.

❹ 남들이 포기할 것 같은 일일수록 도전하라

그냥 두면 아무 일도 일어나지 않지만 당신이 있어서 가치 있는 변화가 생긴다면 그것은 당신의 부가가치라고 말할 수 있다. 그 변화가 크면 클수록 주위의 놀라움은 커지고 다른 사람은 흉내 내기 힘든 가치가 발생한다. 예를 들면 당신이 핵심인물을 알고 있어서 중요한 계약을 따낼 수 있었다거나, 당신의 전문지식과 경험을 바탕으로 어려운 교섭을 이루어 냈다거나, 예리한 선견지명으로 대담한 기획안을 제출해서 기업의 수익개선에 공헌하는 일 등이다.

주위에서는 그 변화가 크면 클수록 당신에게 주목하고 그 변화가 긍정적인 것일수록 그 가치를 높이 평가한다. 미국에서는 '일을 일으키는 사람(He is the person who makes things happen.)', '확실하게 성과를 내다(She gets things done.)'라는 말이 사업가나 정치가를 평가하는 표현으로 사용되고 있다.

이 원칙에 따르면 어떤 변화를 일어나게 하는 것이야말로 당신이 주목받고 당신의 능력을 인식시키는 계기가 된다. 흔한 예로, 어떤 새로운 기획안이 떠올랐는데 그것을 실행할 예산이 없다고 하자. 어떤 사람은 "그런 예산은 없으니까 안 돼!"라고 포기한다. 또 어떤 사람은 "그런 예산은 없지만 어디서든 조달해 오자."라며 방법을 찾아본다.

자금부장에게 부탁해서 예산을 일부 할당받을 수도 있고, 상사의 특별예산에 기대는 방법도 있으며, 경영기획부와 의논해 볼 수도 있다. 아무튼 생각나는 범위 안에서 가능성을 찾아보고 부딪쳐 나가는 것이다.

제약이 있다고 일을 포기하는 것은 쉽다. 실제로 그런 사람이 많을 것이다. 하지만 신발에 발을 맞추는 방법으로는 자신의 성장도 크게 제약을 받게 된다. 발이 크면 큰 신발을 찾아오는 방법을 우선 생각해보자. 그 점이 중요하다.

예산이란 그렇게 간단히 나올 수 있는 것이 아니라고 말하는 사람도 있을지 모른다. 나도 전적으로 동의한다. 그렇기 때문에 그 일을 해내는 사람에게 주목하게 되는 것이고, 높은 평가를 받게 되는 것이다.

"저 사람과 의논하면 방법이 있을지도 몰라."라는 기대감을 주위에 심어 주자. 그 기대를 실현하면 더 큰 기회가 계속 찾아오기 마련이다. 기획 아이디어를 짜내는 단계까지는 할 수 있는 사람이 많지만 그것을 실현하는 일까지 할 수 있는 사람은 그리 많지 않다. '할 수 있다고 생각되는 일을 하는 것'이 아니라 '할 수 있다고 생각하고 하는 것'이 중요하다. 모르는 사이에 자신에게 '이것은 무리야'라는 암시를 걸고 스스로 하지 못하도록 막는 경우도 많기 때문이다.

 남보다 쉽고 빠르게 일하는 요령

자신을 드러낼 수 있는 최강의 도구는 '놀라움'을 주는 것이다. 놀라움은 주위의 기대를 만족시키고 여기에 자신의 독창성을 추가할 때 탄생한다.

POINT

일에서 놀라움의 필요성과 그 효용을 이해하자. '이렇게 하면 주위를 놀라게 할 수 있다'는 관점과 '놀라운 결과를 만들어 내는 단계들'에 대해 설명했다. 다른 사람은 할 수 없는 일을 하기 때문에 놀라운 것이다. 나는 할 수 없다는 선입견을 버리고 이 단계들을 밟아 나감으로써 놀라움을 연출해 보자.

행동을 조금만 바꾸면 요령이 좋아진다. 여기서는 행동방침이라는 관점에서 4가지 원칙을 소개한다. 첫째, 다각적으로 정보를 수집하는 습관을 기르고 정보감도를 나타내는 '분산력'을 기를 것. 둘째, 정보를 입수하는 데 그치지 말고 적극적으로 발언할 것. 셋째, 자신의 희망을 확실히 실현하기 위한 준비와 예측에 힘을 쏟을 것. 넷째, 인간관계의 윤활유인 '애교'의 기술을 연마할 것.

요령을 터득하기 위한 행동의 4원칙

'분산력'으로 정보와
법칙성을 수집하라

   기회와 그것을 잘 활용해서 얻어지는 실적은 생각으로 이루는 것이 아니라 구체적인 행동으로 나타난 결과다. 요령이 좋은 사람들은 명확한 판단기준에 근거하여 계획을 짜고 그것을 착실히 실행에 옮김으로써 기회를 놓쳐 버리지 않고 하나의 완벽한 실적으로 만든다.

   2장에서는 사고라는 관점에서 요령 좋게 일하기 위한 3가지 원칙을 소개했다. 본장에서는 행동이라는 관점에서 4가지 원칙을 소개한다. 이를 통해 실제로 행동하는 계기를 만들 수 있기 바란다.

<<< 정보 수집에 필요한 '분산력'이란?

정보의 중요성은 새삼 말할 필요도 없이 누구나 인식하고 있을 것이다. 정보매체를 통해 특정 정보를 수집하려고 할 때 이용할 수 있는 수단은 휴대전화, 인터넷, TV, 라디오, 신문, 잡지 등 참으로 다양해졌다. 이렇게 누구나 이용할 수 있는 매체를 통한 정보수집도 중요하지만 이에 못지않게 중요한 것은 자신이 직접 발로 뛰어 얻은 정보다. 많은 비즈니스 서적들은 매체를 통한 제삼자의 정보뿐만 아니라 자신이 발로 뛰어 얻은 1차 정보의 중요성을 주장하고 있다.

그러나 직접 뛰어 얻은 정보는 독창적이라는 의미에서 확실히 가치가 있지만 그 독창적인 정보는 다른 유효한 정보들과 함께 쓰일 때만 유용하다. 다시 말하면 단 하나의 정보가 일에 큰 도움을 주는 경우는 드물다는 말이다.

현재는 단일 가치관이나 판단기준에 따라 움직이는 시대가 아니라 각자 '인지'한 바에 따라 '사실'까지도 크게 달라지는 시대다. 요령 좋은 사람은 다차원, 다방면으로 안테나를 세워 정보를 수집하고 그렇게 얻은 정보를 다각적으로 분석해서 자신의 발전을 위해 활용한다.

우리는 집중력이 중요하다는 말을 자주 한다. 하지만

앞으로는 집중력만큼이나 '분산력'의 중요성 또한 크게 대두될 것이다.

그러면 '분산력'이란 무엇일까? 아직까지 정확한 정의가 내려지지는 않았지만, 나는 다방면에서 대량의 정보를 접하고 자신에게 필요한 정보를 추출하여 일과 생활에 도움을 주는 힘이라고 생각한다. 이 분산력이라는 말이 성립된 배경에는 이제는 '이것만 알고 있으면 안심'이라거나 '모든 영역에 통용되는' 정보는 애초부터 없다는 전제가 깔려 있는지도 모른다.

어쨌든 어떤 큰 결단을 내려야 할 때 다양한 정보를 분석하듯 평소에 다방면의 정보를 흡수하려고 의식적으로 노력하고, 자신에게 필요한 정보를 민감하게 포착하여 일에 활용하는 힘을 '분산력'이라고 생각하면 될 것이다.

기획이나 마케팅 담당자들 중에는 정말 다양한 정보통들이 있다. 중고등학교 여학생들 사이에서 요즘 무엇이 유행하는지 잘 아는 사람도 있고, 아프리카 정세에 유난히 밝은 사람도 있다. 만날 때마다 TV드라마의 스토리를 꿰뚫고 있는 사람도 있다. 이런 정보들은 일에 꼭 필요하지는 않지만 각자 나름대로 흥미를 가지고 찾아내는 정보들이다. 그런 것은 취미나 개인적인 관심의 범주라고 말할 수도 있겠지만 그런 정보를 기획회의 등에서 "이런 예가 있어요."라며 척 내놓을 수도 있다. 현재 논의 중인 일과는 전혀 다른 장르임에도 때때로 그런 이야기가 세상 돌아가는 이치나 장르를 초월한 본질을 깨닫게 해주기 때문이다.

자신의 담당 분야와 관련된 지식이 아니라면 세부적인 부분까지 다 알 필요는 없다. 오히려 '다른 곳에도 비슷한 경향이 있구나.', '어쩌면 이것은 공통된 큰 흐름일지도 몰라.'라고 깨닫게 하는 단서를 많이 입수하는 일이 중요하다.

《《 부임한 지 일주일 동안은 무슨 이야기든 주워들어라

새로 온 지 얼마 되지도 않아 일을 척척 잘 해내는 사람이 있다. 그를 두고 주위 사람들은 적응력이 빠르다는 둥 일을 빨리 배운다는 둥 쉽게 말하지만 정작 본인은 환경이 크게 바뀌어 매일매일 중압감과 스트레스에 시달리고 있을 것이다. 그런 와중에 좋은 성과를 내겠다고 마음먹었다면 상당한 노력을 해야 한다.

내가 일하는 부서에서 사업기획을 담당하는 한 동료가 두 달 전에 우리 회사로 옮겨 왔는데 입사한 지 한 달 만에 완전히 자기 페이스를 찾았다. 그가 어떠한 방법으로 적응해 나가는지 궁금하여 가까이에서 지켜보니 주위의 이야기를 거의 놓치지 않고 듣고 있었다. 동료의 전화 응답, 업무 이야기, 잡담 등 무슨 이야기든지 귀 기울여 듣더니 어느새 그는 옆자리에서 이야기꽃을 피우는 동료들 사이에 끼어 대화에 참여하고 있었다.

새로운 환경에서도 기본 업무에 필요한 기술은 전과 크게 달라지지 않을 것이다. 하지만 새 회사, 새 부서만의 일처리 방식이나 일의 흐름을 모르면 일이 제대로 돌아가지 않는다. 그런 정보는 명문화된 것이 아니므로 자신의 위치에서 얻을 수 있는 모든 정보를 흡수해서 알아내는 수밖에 없다.

그리고 자신이 전 직장을 떠날 때 후임자에게 무엇을

인수인계했는지도 중요하다. 그 내용은 일의 흐름, 자료 보관 장소, 인물 소개, 상사의 버릇, 각 업무의 비중 등 다양할 것이다. 바로 이러한 인수인계 내용이 당신이 중요하다고 생각하는 포인트다. 전 직장의 후임자에게 어떤 정보를 전수했는지 기억을 떠올리면서 궁금한 점을 묻고 주위의 대화에 귀 기울여야 한다. 주변에서 무슨 일이 일어나고 있는지 알면 그곳 분위기를 빨리 파악하고 적응할 수 있다.

《《《 메일매거진은 지식의 단서를 전달한다

분산력이 있는 사람은 대체로 정보를 자동으로 받아 볼 수 있는 환경을 갖추어 놓았다. 그 중에서도 그들이 최근에 많이 이용하는 수단이 바로 메일매거진이다. 등록한 메일매거진의 수는 평균 수십 개에서 백 개가 넘는 사람도 있다.

"뭘 그렇게 많이 받아요?"라는 질문에 "세상에는 재미있는 정보가 아주 많아요."라고 대답하는 동료가 있는데 그는 일에 관계된 주제는 말할 것도 없고 마케팅활동의 일환이라며 전업주부의 메일매거진과 유흥업계 정보, 구인정보까지 다양한 분야의 메일매거진을 받아 보고 있

 남보다 쉽고 빠르게 일하는 요령

다. 그는 업무 관련 메일은 제외하고 '일과 직접적인 관련이 없는 메일'만 하루에 200통 이상 도착하는 것도 보통이라고 말한다.

메일매거진 중에는 기업 사이트에서 제공하는 뉴스 형식의 메일도 많지만 개인이 쓰는 사적인 내용도 많다. 직접 읽어 보면 사적인 메일매거진이 더 재미있다. 내용의 질은 옥석(玉石)이 섞여 있고 오히려 '돌'이 더 많다고 할 수 있다. 하지만 누구의 검열도 받지 않는 만큼 매우 솔직하고 직설적인 의견이 많아서 신선하다. 거의 전 직종을 망라하는 필자들은 전문적인 해설을 싣기도 하고 자신의 일기를 쓰기도 한다.

그러면 그들은 대체 메일매거진을 무엇에 이용하는 것일까?

감각을 얻기 위해 이용한다는 말이 가장 적합한 표현이 아닐까? 업계의 동향을 파악하거나 사회가 어떻게 움직이는지 알기 위해서일 수도 있다. 메일매거진을 읽는 것은 대강 훑어보고 피부로 감각을 느끼기 위해서다. 목적 자체가 그러하기 때문에 바쁠 때는 읽을 필요가 없다. 그럴 때는 한꺼번에 삭제해 버려도 무관하다.

TV는 수동적인 매체, 인터넷은 능동적인 매체라고들

한다. 자신이 키워드를 쥐고 있지 않는 한 정보를 끌어
낼 수 없는 것이 인터넷의 특징이다. 그런 능동적인 매
체에서 지식의 단서를 전해 주는 도구가 바로 메일매거
진이다.

 ### 업계 네트워크에 참가하라

　　　　내가 주재하는 미디어 커뮤니케이션 업종 네트
워크 커뮤니티에는 메일링리스트 회원만 500명 정도 등
록되어 있다. 매월 도쿄 도내에서 오프라인 모임도 개최
하는데, 대강 30~50명 정도의 회원이 퇴근 후에 모여 적
극적으로 정보를 교환하고 있다. 홍보 수단이 따로 없는
데도 참가자들은 인터넷을 통해서 알거나 입소문을 듣
고 찾아온다.

　내가 네트워크 커뮤니티를 만들게 된 계기는 유학을
마치고 귀국했을 때 커리어 메이킹에 필요한 업계정보
를 얻을 방법이 없었기 때문이다. 최신 정보는 어디에서
입수하면 좋은지, 업계의 주요인물은 누군지, 같은 직종
에서 전직하려고 할 때는 어떻게 정보를 수집하면 되는
지를 도저히 알 수 없었다. 그래서 나는 차라리 내가 직
접 커뮤니티를 만들어야겠다고 생각해서 2년 반 전에

시작했다.

우리 커뮤니티에는 다양한 사람들이 찾아온다. TV업계 종사자도 있고 광고회사의 영업담당자도 있으며 자유기고가와 인터넷 리서치회사 직원도 있다. 또 관련업계에 취직하고 싶어 하는 학생들도 오고 전혀 연관이 없는 직종에 종사하는 사람이 친구의 손에 이끌려 오기도 한다.

일자리를 구하는 사람, 계약을 따내려는 사람, 단지 정보교환을 원하는 사람 등 모임에 참가하는 목적은 사람마다 다양하다. 실제로 회사의 홍보담당자가 광고회사나 디자인회사 직원에게 일을 의뢰한 적도 있었고 헤드헌터가 우수한 인재를 찾은 적도 있다.

이런 업계 네트워크나 동업종 교류회는 점점 늘어나고 있는 추세다. 스터디 위주로 운영되는 곳도 있고 온라인 메일링리스트만 공유하는 커뮤니티도 있다. 같은 직종이라도 일의 내용이 전혀 다를 수 있기 때문에 무심코 하는 대화에서 많은 것을 배우기도 하고 새로운 기회를 얻기도 한다. 일반적인 이업종 교류회와는 달리 업무상 접점이 있는 사람도 많아서 그 후 다양한 관계를 맺게 될 가능성도 높다.

이런 모임에 참가한 적이 없는 사람은 인터넷에서 자신의 일과 관련 있는 커뮤니티를 한번 조사해 볼 것을 권한다.

구인정보를 보다 보면, 채용 인원의 증감, 현재 잘 나가는 직종, 성장 산업, 연봉 시세 등등 정말 많은 것을 알 수 있다. 또한 경쟁기업의 채용정보를 보면 그 기업이 어느 분야에 힘을 기울이려 하는지 알 수 있고, 계속해서 모집 공고를 내는 곳이 있으면 경험자가 부족한 직종이 어디인지 알 수 있다. 구인정보는 그야말로 정보의 보고다.

모든 신문에는 구인광고란이 있다. 우선 자신이 구독하는 신문의 구인정보를 매주 빠짐없이 보자. 그러면 달에 따라 계절에 따라 모집 직종이나 광고하는 업종이 조금씩 변한다는 사실을 알 수 있을 것이다.

그리고 당장 전직할 예정이 없더라도 취업 사이트에 등록을 해두는 것이 좋다. 신문에는 실리지 않는 신규사업 담당자나 매니저급 포지션에 대한 정보는 그런 사이트에 많이 모이기 때문이다.

내가 대학생 때부터 지금까지 줄곧 해오고 있는 일이 있는데, 바로 흥미 있는 구인광고를 스크랩하는 일이다. 흥미가 있어도 모집요강에 명시된 요구 조건이 맞지 않거나 채용될 가능성이 거의 없는 경우도 많다. 그러나 그런 점에 신경을 쓸 필요는 없다. 대신 스크랩한 자료를 신입부터 상급관리직까지 순서대로 늘어놓아 보자. 그러면 자신의 진로가 한눈에 보이고 어느 시점에서 어떤 경험을 쌓아 둘 필요가 있는지도 알 수 있다. 물론 일의 내용은 시대에 따라 계속 바뀌고 자신의 관심사도 달라질 수 있다. 하지만 여기서 중요한 것은 자신이 원하는 커리어를 쌓기 위해 어떤 준비가 필요한지 알고, 자신이 흥미를 느끼는 분야와 일이 무엇인지 파악하는 일이다.

학생들을 위한 취업지침서는 시중에 많이 나와 있지만, 정작 그 분야에서 경력을 쌓아 가는 방법을 제시해 주는 책은 별로 많지 않다. 일은 시작하기 전보다 시작하고 나서부터의 시간이 훨씬 길다는 점을 생각해 보면 그것은 이상한 일이다. 어쨌든 정해진 길이 없기 때문에 더더욱 기존 정보를 잘 활용하여 스스로 미래의 이정표를 세우려는 노력이 중요하다.

업무에 이용하는 정보는 축적형 정보와 유동형 정보로 나눌 수 있다. 축적형 정보는 고객데이터처럼 데이터베이스에서 관리하는 정보로, 데이터의 양이 늘어날수록 그 가치가 증가한다. 이에 비해 유동형 정보는 최신 정보로 갱신되면 이전의 낡은 버전은 쓸모가 없어진다. 엄청난 양의 정보가 범람하는 현대사회, 특히 변화가 심한 IT업계에서 다양한 정보기기를 자유자재로 활용하는 IT전문가들의 정보관리법은 어떨까? 그들은 '정보를 쌓아 두지 않고 흘러가게 내버려 두는' 방법을 사용한다.

인터넷의 이용형태에 관한 조사를 보면 유저의 인터넷 사용 방법과 용도가 계속 변화하고 있음을 알 수 있다.

인터넷에 다이얼업(전화회선)으로 접속하던 시대에는 꼭 필요한 최소한의 시간만 접속했고 집에서 인터넷을 사용하는 용도는 주로 메일을 주고받기 위해서였다. 그리고 날마다 메일이나 잡지에서 발견한 새로운 사이트 정보를 확인해 두었다가 들어가 보고 재미있으면 북마

크에 등록하는 것이 일반적인 사용법이었다.

그러나 ISDN이나 ADSL에 의한 상시접속이 일반화되면서 인터넷은 항상 열려 있는 창구가 되었다. 회선속도도 고속화되면서 다양한 웹 서비스를 이용할 수 있고, 은행 거래와 신용카드 결제, 서적 주문, 해외여행의 티켓예약, 지하철 환승역 조사 등 일상생활에 필요한 온갖 정보검색을 위해서도 꼭 필요한 도구가 되었다. 그리고 집과 직장 양쪽에서 인터넷을 사용하는 경우, 근무 중에 개인적인 용도로 인터넷을 사용하는 시간보다 집에서 인터넷을 사용해 일하는 시간이 더 길어지고 있다는 데이터도 있다.

한편, 메일매거진을 통해 입수하는 정보는 그날의 주요 뉴스처럼 끊임없이 새로운 정보로 갱신된다. 그리고 흥미를 끄는 정보라 할지라도 그 쇼킹함이나 뉴스로서의 가치가 지속되는 시간은 불과 수일에서 일주일 정도로 짧고 그마저도 점점 단축되고 있는 것 같다. 따라서 모든 내용을 출력해서 모아 둘 필요도 없어졌다.

이와 같은 상황 속에서 인터넷에 넘쳐 나는 엄청난 정보를 일에 활용하기 위해 각자 노력하고 있는데, 많은 사람들이 공통적으로 사용하는 방법은 바로 '쌓아 두지 않고', '흘러가게 내버려 두는' 것이다.

한 IT계통의 벤처기업 사장은 브라우저의 북마크 기능을 사용하지 않고 검색엔진만으로 거의 모든 용무를 해결한다고 한다. 그는 "지금은 구글(Google) 하나면 돼요."라고 말한다. 예전에는 정보를 웹사이트 주소로 관리했지만 초고속인터넷 환경이 보급되면서부터는 키워드로 관리하게 되었다. 검색엔진을 사용하면 웹사이트 갱신이 새로운 것부터 표시되기 때문에 키워드를 입력했을 때 표시된 링크를 위에서부터 순서대로 최신 정보부터 확인할 수 있다는 장점이 있다.

내 동료 중에는 공유파일과 폴더에 이름을 붙일 때 규칙을 정하여 정보관리에 소요되는 시간을 단축하고 있는 사람이 있다. 공유폴더에서 그 동료가 관리하는 폴더를 엿보는 일은 사람의 머릿속을 들여다보는 것 같아 재미있다. 파일의 이름을 짓고 관리하는 방법에서 그 사람의 성격이 드러나기 때문이다.

그 동료는 일단 하나의 프레젠테이션 파일이 완성되기 전에 사용한 중간 작업파일에 번호를 매긴다. 또 그 파일은 누군가에게 검토받기 위해 보냈으면 같은 버전의 파일에 번호를 매기고 일시적으로 관리한다. 그리고 최종 파일이 완성되었을 때는 파일명에 날짜와 'Final'이라는 이름을 붙이고, 최종 파일과 필요한 최소 자료파일만을 남기고 나머지 파일들은 삭제한다. 이런 식으로 프레젠테이션이 있을 때마다 폴더를 만들고 데이터는 최종 버전만 찾아보기 쉽게 관리하는 것이다.

IT업계에서 마케팅에 종사하는 한 지인은 인터넷에서 흥미 있는 뉴스나 조사데이터를 발견하면 닥치는 대로 출력했다. 정신을 차려 보면 책상 위에는 어느새 웹사이트를 인쇄한 종이들이 산더미처럼 쌓여 있었다. 그런데 웹사이트를 전자문서로 관리하는 소프트웨어(후지제록스의 'DocuWorks')를 알게 되고 나서는 종이로 출력했던 정보들을 컴퓨터상에서 사진앨범처럼 썸내일(thumbnail: 엄지손톱이라는 뜻으로 그래픽 파일을 작게 만든 것을 가리킨다. 그래픽 프로그램이나 홈페이지에서 원래 그림 파일보다 작은 이미지를 미리 보여 주고 그 썸네일 이미지를 선택하면 원본 이미지를 보여준다-역주) 화면으로 관리한다. 이 소프트웨어를 사용하면 웹 화면과 스캐너로 읽은 신문이나 잡지 자료를 같은 화면에서 관리할 수 있다. 또 컴퓨터상에서 관리하는 전자문서를 등록일이 새로운 순서대로 표시되도록 설정해 두면 검색엔진처럼 차례대로 찾을 수 있다.

 남보다 쉽고 빠르게 일하는 요령

컴퓨터상에서 정보를 관리하는 기본은 데이터를 얼마나 많이 축적하느냐가 아니라 어떤 정보가 가장 최신 정보인지에 가치를 두고 정리하는 것이다. 정보를 늘 자동으로 받아 볼 수 있는 환경을 조성하고, 수많은 버전이 섞여 있을 때는 최신 데이터를 한눈에 알아볼 수 있는 방법을 연구하는 것이 IT기기를 최대한 활용하고 있는 사람들의 정보관리 요령이다.

키워드로 정보를 알아낼 사람을 찾는다

컨설팅업이나 광고업 같은 고객 비즈니스에서는 때때로 전혀 모르는 분야나 사업에 대해 단시간에 획기적인 제안을 내놓아야 한다. 나도 과거에 특수 인쇄기기의 마케팅방법, 처방약의 규제와 비즈니스 기회, 장제(葬祭)사업 구조, IT기기의 OEM(주문자 브랜드로 판매되는 제품을 제조, 출하하는 제조업체를 말함-역주) 분야 등을 차례로 조사, 분석한 적이 있다.

경영컨설팅 회사에서는 전문영역을 강조하기보다는 어떤 분야의 경영과제라도 해결방법을 제시할 수 있다는 영역의 폭넓음을 내세우는 곳이 많기 때문에, 때로는 어떤 식으로 접근해야 할지 짐작조차 가지 않는 일을 맡

게 될 수도 있다. 그런 상황에서는 평소의 인맥이 도움
이 된다.

생판 모르는 분야를 처음부터 혼자서 조사하려면 상
당한 시간이 걸린다. 이럴 때 빠른 해결책은 전문가를
찾아가서 '현 상황'에 대해 묻는 방법이다. 여기에서 말
하는 전문가란 연구자라는 의미가 아니라 해당 분야나
현장 상황에 밝은 사람을 말한다. 그런 사람을 찾아가서
해당 분야에 대해 파악하려면 어떤 책을 읽고 무엇을 알
아야 하는지 물어보면 된다. 그러면 무엇이 핵심인지 보
이기 시작할 것이다.

마케팅 컨설턴트로 일하는 한 친구는 예비지식이 전
혀 없는 업종의 기업을 상대로 프레젠테이션을 해야 할
때는 매번 그 기업과 해당 업종에 정통한 사람에게 의견
을 묻고 추천받은 책을 20권 정도 사서 공부한다. 그리
고 다 읽은 후에는 책을 소개해 준 사람과 의견을 교환
하면서 전문가의 반응을 살펴 '포인트'가 어디인지 찾아
낸다. 그렇게 하면 프레젠테이션 당일까지 상대 기업의
상황을 손바닥 보듯이 알 수 있게 되고, 경쟁에서 이길
승률도 상당히 높아진다고 한다.

나 자신도 비슷한 방법으로 인맥을 관리하고 있다. 중

요한 일에 착수할 때는 우선 주제를 분석한다. 예를 들어 커뮤니케이션이라는 주제로 신규 사업의 가능성을 검토한다고 하자. 앞으로는 고령자를 위한 서비스 수요가 확대될 것이 예상되므로 '노인간호 서비스에서 발생하는 커뮤니케이션은 어떤 형태일지 조사해 보자'라고 생각할 것이다. 그런데 나는 간호에 대해서는 잘 모른다. 어떻게 해야 할까? 바로 이때 구세주가 바로 '○○ 하면 누구누구 씨' 데이터베이스다.

예를 들어, 나는 '노인간호' 하면 관련기관에 근무하는 지인이나 노인간호 서비스사업 담당자, 집에서 노인을 간호하는 친구들의 얼굴을 떠올린다. 그리고 고민을 해결해 줄 것 같은 사람에게 순서대로 전화를 걸든지 메일을 보내 정보를 얻어낸다. 이렇게 하면 처음부터 직접 조사하는 것보다 훨씬 일이 빨리 진행된다.

이 방법을 더욱 효과적으로 실현하려면 누가 무엇에 정통한지 어느 정도 파악하고 관리해 두어야 한다.(그렇기 때문에 데이터베이스인 것이다.) 처음 만나는 사람은 명함을 교환할 때 전문 분야를 넌지시 물어서 나중에 명함에 메모를 해두고, 동료일 때는 그의 취미나 관심 분야의 이야기를 의식적으로 듣는 방법 등을 생각해 볼 수 있다. 그리고 업무상의 관계든 사적인 관계든 '기브 앤 테이크(즉 상호성의 법칙)'가 기본이므로, 정보를 얻으러 갈 때는 상대가 관심을 가질 만한 새로운 정보를 선물로 지참하는 것이 장기적인 관계를 키우는 요령이다.

- 외부에서 들어오는 정보는 관심 있는 분야를 중심으로 광범위하게 체크하자.
- 필요한 정보는 남에게서 입수하자.
- 컴퓨터 등을 활용해서 필요한 정보를 금방 찾아낼 수 있게 하자.

원하는 정보는 정보원이 되는 사람이나 매체를 확인하고 적극적으로 찾으러 간다. 그리고 평소부터 대중매체와 메일매거진 정보는 관심 있는 분야를 중심으로 다방면으로 많이 체크해 두고 자신에게 필요한 것을 추출한다. 정보관리는 컴퓨터를 최대한 활용한다.

유언실행과 정보발신을
습관화하자

일본에서는 군말 없이 묵묵히 실행에 옮기는 것을 부언실행(不言實行)이라고 한다. 이것은 20세기형 일본의 가치관이었다. 그러나 지금은 자신이 목표로 하고 있는 성과를 미리 선언하고 행동으로 옮기는 '유언실행(有言實行)'형 인간이 늘고 있다. 유언실행이라는 방식은 "건방지고 일본의 관습과도 맞지 않는다."라고 말하는 사람도 있지만 자신이 성장하기 위해서는 꼭 필요하다. 유언실행을 실천하는 사람은 목표를 설정하고 일의 성과를 관리할 수 있는 사람이다. 더욱이 유언실행을 통한 적극적인 정보발신은 기회를 만드는 계기가 된다.

매달 고정급에 잔업수당이 추가되는 급여체계에서 잔업수당이 없는 연봉제로 바꾸는 회사들이 늘고 있다. 이제는 개인의 성과에 따라 보너스와 승진에 큰 차이가 발생하는 시대가 되었다. 장시간 노동으로 경쟁력을 유지할 수 없다고 판단한 기업들은 시간 관리에서 성과 관리로 인사관리 체계를 바꾸고 있다.

조금만 생각해 보면 당연한 이야기다. 똑같이 오전 9시부터 오후 5시까지 사무실에 앉아 있더라도 일의 결과는 천차만별이다. 업무량이 똑같다고 가정하고 근무시간만을 놓고 평가했을 때, 시간을 관리하는 기업에서는 일을 빨리 끝낸 사람은 잔업시간이 짧아지므로 일을 늦게 끝낸 사람보다 급여가 낮아지는 기현상이 발생한다.

성과주의는 일한 시간에 관계없이 일의 결과에 따라 평가한다는 견해다. 이론적으로만 따지면, 한 달 걸려서 끝마칠 일을 하루 만에 끝냈다면 남은 기간 동안에는 전혀 일하지 않아도 되고 더 높은 평가를 받기 위해 다음 일에 도전해도 문제가 없어야 한다. 하지만 아직은 시간 관리에서 성과 관리로 이행하는 과도기라서 그런지, 회사에 꼬박꼬박 출근해서 일하고 시간이 남아도 동료의 일을 도와주어야 하는, 어중간한 성과주의를 실시하는

 남보다 쉽고 빠르게 일하는 요령

회사가 많은 것 같다.

  그렇지만 대세가 분명히 성과관리 쪽으로 가고 있다는 사실만은 확실하다. 프리랜서나 집에서 일하는 소호족들도 늘고 있어서 이제는 시간으로 관리한다는 것 자체가 힘들어졌는지도 모른다. IT기기와 통신 인프라의 발달로 일할 수 있는 장소상의 제약이 점점 사라지면서 매일 아침 회사에 출근할 필요가 없어진 사람도 의외로 많다. 그렇다면 일에 대한 평가는 시간이 아니라 결과를 기준으로 하는 것이 자연스러운 흐름이라고 할 수 있다.

  한편, 결과를 기준으로 일의 평가를 내릴 때는 자신의 결과가 '어느 정도 수준인지' 확실히 설명할 수 있어야 한다. 평가하는 쪽에서 '가치 있다'고 이해해 주지 않는 한 아무리 열심히 일하고 스스로 큰 실적을 올렸다고 생각하고 있어도 낮은 평가에 만족할 수밖에 없다.

《《 정보를 발신하지 않으면 주목도 이해도 받지 못한다

  자신이 처한 환경이 불만스러워도 먼저 그 속에서 자신이 컨트롤할 수 있는 부분을 적극적으로 해결해 나가자는 것이 이 책의 기본방침이다. 그렇게 하려면

미리 이해해 두어야 할 환경상의 특성이 있다. 그것은 바로 세대차이다.

어느 기업의 50대 사업부장은 "자네들이 자신의 커리어 플랜을 확실히 가지고 있는 걸 보면 큰 세대차를 느끼네."라고 말했다. 그의 세대에서 그런 일은 상상할 수도 없었기 때문이다. 하지만 지금의 2, 30대들은 인재 유동성이 활발히 진행되고 있기 때문에 커리어 플랜이 없으면 전직하기 힘들어 살아남기 어렵다는 생각을 하고 있는 것 같다.

세대가 다른 상사 밑에서는 자신의 생각을 전달하는 정보발신이 매우 중요하다. 가치관이나 발상이 전혀 다

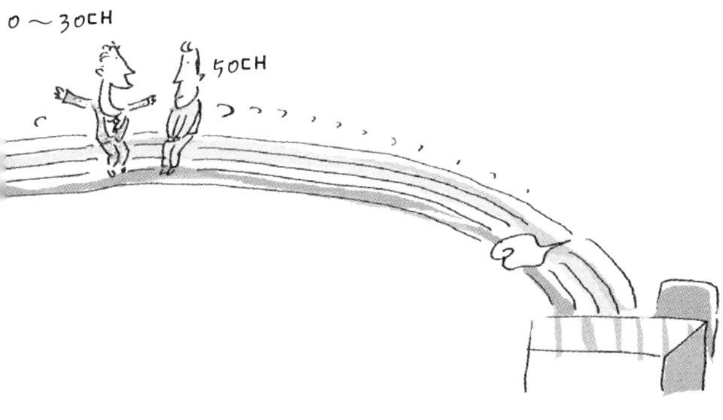

르기 때문에 잠자코 있으면 당신의 의도는 아무것도 전
달되지 않는다. 먼저 사고방식에 큰 차이가 있다는 점을
대전제로 받아들이고 항상 커뮤니케이션에 힘써야 한다.

예전부터 "미국은 우리와는 전혀 다르다. 자신을 표현
하지 않으면 아무도 알아주지 않는다."는 말을 자주 들
었는데 지금은 오히려 세대가 다른 자국민보다 동세대
의 미국인과 말하는 것이 훨씬 말이 잘 통할 것이다. 내
용과 구성이 비슷한 TV를 보고, 미국계 유명 체인점의
커피를 마시며, 밤늦도록 일을 하고, 어쩌다 쉴 때는 해
외여행을 하며, 늘 다음 일과 커리어를 걱정하는 삶. 이
러한 생활패턴을 세계 어느 대도시에서나 볼 수 있으니

그것은 어쩌면 당연한 일인지도 모른다.

세대 간에 가장 큰 감각 차이는 아마도 시간에 대한 감각일 것이다. 예를 들어 "거기서 한동안 경험을 쌓으면 어때?"라고 말할 때 '한동안'이 의미하는 시간은 50대라면 보통 3년에서 5년 정도를 생각하겠지만 2, 30대라면 반년에서 1년 정도를 생각할 것이다.

대기업에서 젊은 직원이 한 자리에 2년이나 있었다는 이야기를 들으면 어떤 느낌이 드는가? 뭔가를 새로운 것을 배우는 중이라기보다는 슬슬 싫증을 내고 있을 것이라는 느낌이 강하게 든다. 그래서 2년에서 3년쯤 지나면 직장을 그만두는 사람이 많다.

지금까지의 방식을 받아들일 수 없다면, 자신이 새롭게 성장할 기회나 새로운 도전을 원한다고 생각했을 때 그 점을 상사에게 확실히 전달해야 한다. 그러지 않으면 당신의 상사가 느끼는 것과 똑같은 시간의 흐름 속에서 당신의 커리어도 함께 흘러가게 될 것이기 때문이다.

《　모든 일은 교섭하기 나름

인식의 차이는 세대 간에만 있는 것은 아니다. 지금은 "동양인이라면 당연히 이렇게 생각하겠지?"라는

 남보다 쉽고 빠르게 일하는 요령

공통 개념이 점점 희박해지고 있다. '당연한 것'이 줄어들고 있다. 이 원인에 대한 논의는 다음 기회로 미루기로 하고 여기서는 일단 그런 상황 속에서는 자신의 생각과 희망을 먼저 선언하는 것이 중요하다는 점을 말해 두고 싶다.

'열심히 하다 보면 상사나 회사가 틀림없이 배려해 주겠지.'라는 생각은 너무 안이하다. 우선 상사가 당신이 '열심히 일하고 있다'고 판단하고 있는지 어떤지도 알 수 없고, '틀림없이 배려한다'는 것이 무슨 뜻인지도 애매모호하다. 자신이 무엇을 원하는지 분명히 알고 있어야 한다. 당신은 '나와 상사는 인식을 공유하고 있어.'라고 생각하고 있을지 모르지만 그것은 근거 없는 기대로 그치기 쉽다.

나의 상사는 "기대하는 것은 자유지만 그 기대를 전제로 일을 추진하지는 마라."라고 자주 말한다. 그리고 그의 말처럼 인식의 차이를 확인하지 않은 채 일을 추진하다가 마찰이 일어나는 모습을 주위에서 자주 목격한다.

반면 이 점을 분명히 해두면 그 다음은 목표를 향해 담담히 걸어 나가기만 하면, 일이 끝났을 때 자신이 기대한 결과를 얻을 가능성이 훨씬 높아지게 된다.

"뜻이 있는 곳에 길이 있다.(Where there's a will, there's a way.)"는 말이 있듯이 뜻이 분명하면 그것을 실현하는 길은 저절로 명확해진다.

예를 들어 내년에 승진하고 싶다거나 조수가 필요하다거나 다른 일을 하고 싶다는 희망사항이 있으면, "그 희망을 이루기 위해서는 무엇을 해야 할까요?"라고 상사나 윗사람에게 물어보자. 물론 그 전에 상대방이 어느 정도의 판단을 내릴 수 있는 위치에 있는지 생각해야 한다. 보통 사람들은 대부분 자신의 재량을 벗어나는 일에 대해서는 "그건 무리야."라는 한마디로 대화를 끝내 버린다.

이쪽에서는 단지 지혜를 빌리고 싶을 뿐이라고 생각할지 모르지만 자신의 역할 범위를 넘는 사안에 대해서는 의견을 말하기 힘든 것이다. 그렇다고 해서 "그래서 이 사람은 이 정도 일밖에 하지 못하는 거야."라고 생각한다면 그것은 아주 유치한 발상이다. 당신의 희망은 당신의 의지로 실현해야 하는 것이지 상대방의 희망이 아니다. 상대에게 실망하는 것은 자유지만 먼저 그에게서 어떤 의견이나 아이디어를 이끌어 낼 수 있는지 생각해 보지 않는다면 거리에서 점쟁이에게 미래를 묻는 것이나 같다. 구체성이 부족하기 때문이다.

대화의 목적은 합의점을 찾는 것이다. 내년에 승진하고 싶다면 어떤 준비가 필요한지 먼저 스스로 할 수 있는 만큼 조사해 보고 어느 정도 파악한 단계에서 비로소 교섭에 임해야 한다. "규정에 따르면 이러이러한 조건이 요구된다고 해서 그것에 따르려고 하는데, 제가 이 역할을 해낸다면 승진에 도움을 주실 수 있습니까?"라고 말해 보자. 처음부터 이상적인 결론을 준비해 두지 않으면 갑자기 상담 요청을 받은 사람은 헤매게 되어 있다. 질문하는 사람이 구체적으로 무엇을 원하는지 밝히지 않는데 모든 것을 알아서 답변해 줄 사람은 없을 것이다.

무조건 첫 단계에서는 자신의 의지를 전달하자. 상대가 금방 이해해 준다면 다행이지만 시큰둥한 얼굴이라면 인식의 차이가 어느 정도 있는지 그 자리에서 분명히 확인해야 한다. 그래야 비로소 서로 이해하고 타협안을 찾을 수 있는 길이 열린다.

《 '유언실행(有言實行)'으로 일의 성과를 높이자

'유언실행'은 말로 내뱉은 것은 반드시 실천한다는 뜻이다. 이는 요령의 관점에서 보면 매우 가치 있는 말로 '목표를 설정'하고 '성과를 관리'하는 구실을 한다. 여기서 말하는 성과는 평가로 이어지는 일의 결과를 말한다.

구체적인 목표 설정이 중요하다는 점을 지금까지 여러 차례 강조했다. 유언실행을 실천할 때는 필연적으로 목표를 설정하는 일부터 하게 되는데, 목표만 정하면 거기까지의 도달 거리도 어느 정도 보이므로 목표에 이르기가 더 쉬워진다.

또한 "이렇게 하겠다."라고 선언함으로써 상사나 주위 사람들이 당신의 목표를 알고 그 성과를 기대하게 된다. 목표를 선언한 뒤 주위의 반응을 살펴보면 그 목표를 실현했을 때 성과로 이어질 수 있을지 어떨지 확인할 수도 있다. 유언실행은 실행자와 평가자의 인식 사이에 다리를 놓는 효과가 있다. 다시 말하면 당신이 얻고 싶어 하는 '성과'를 '관리'할 수 있다는 뜻이다.

게다가 유언실행은 자신의 역할을 확실히 하고 업무를 구분 짓는 효과도 있다. 자신의 직무가 정확히 정의되지 않았거나 아무 일이나 마구잡이식으로 시키는 상황에서는, 가만히 있으면 여력이 남아 있다고 여기고 일을 억지로 떠맡기는 경우가 많다. 특별한 의도가 없다면

 남보다 쉽고 빠르게 일하는 *요령*

그런 일은 당신에게 별로 이득이 되지 않는다. '지금부터 나는 이 일을 하겠다', '언제까지 이러이러한 결과를 내겠다'는 선언은 업무에 방해가 되는 요소를 사전에 예방하는 효과도 가져온다.

마지막으로, 어쩌면 가장 중요한 사항일지도 모르는데, 자신이 정한 목표를 선언(유언)했는데 목표에 도달하지 못하면 굉장히 창피하고 민망한 상황이 된다. 누구나 그런 사태는 되도록 피하고 싶어 하므로 목표를 말로 꺼낸 이상 쉽게 포기하지 못하고 끝까지 그 목표를 향해 달려간다. 이처럼 유언실행에는 자신을 목표에 묶어 두는 효과가 있다.

자리이동을 원하면 상담하기보다 적극적으로 요구하라

앞에서 자신의 의지를 분명히 표현하라고 말했다. 이 점은 당신과 상사의 관계에서 특히 중요하다. 상사는 당신보다 사내에서 영향력이 크기 때문에 반드시 효과적으로 활용해야 할 존재다.

커리어의 선택사항을 사외에서 찾는 경우는 논외로 하고, 사내에서 직무를 바꾸거나 자리 이동을 희망하는 경우에 웬만큼 인간관계가 나쁘지 않은 이상 상사는 도움을 주게 되어 있다. 나의 상사들도 지금까지 거의 모두 어떤 형태로든 내가 원하는 것을 지원해 주었다. 내가 직장생활에서 체험을 통해 깨달은 것은 이루고자 하는 강한 희망이 있을 때 "어떻게 하면 좋을까요?"라고 묻기보다 "이렇게 하고 싶습니다. 그러니까, 이렇게 해 주셨으면 좋겠습니다."라고 말하든지 "이런 형태로 협력해 주십시오."라고 요구하는 것이 효과적이라는 사실이다. 막연히 의견을 물으면 자신이 기대하는 대답은 돌아오지 않는다.

자신의 희망을 적극적으로 상사에게 표현함으로써 실현한 예는 주위에 수없이 많다. 내 친구도 여기에 속한다. 대학시절 미국에서 유학한 후, 유럽에서 주재원으로 근무한 그는 다음 목표를 동남아시아로 잡고 있었다. 그는 상사와 원활한 관계를 형성한 후 어느 날 "가능하면 20대에 아시아에서 경험을 쌓아 보고 싶습니다." 하고 자신의 커리어 플랜을 상사에게 밝혔다. 당시에 친구는 28세였고, 상사는 "아시아라……."라고 말한 뒤 팔짱을 끼고 고개를 갸우뚱거리며 한동안 생각에 잠겼다고 한다.

평소 누구보다 열심히 일하는 그를 유심히 지켜보던 상사는 그 후 그에게 아시아에 출장 갈 기회를 자주 주었다고 한다. 그리고 그 친구는 상사에게 자신의 의사를 전달한 지 약 1년 후, 아주 자연스럽게 아시아로 발령받았다. 실제로 서른을 목전에 둔 시기에 동남아시아에서 생활을 시작한 그는 자신의 희망을 달성한 셈이다.

물론 이 경우처럼 모든 희망이 순조롭게 실현되는 것은 아니다. "희망을 실현하려면 어떻게 해야 하나요?"라고 물었을 때 "그것은 무리야.", "힘들어."라고 말하는 반응이 훨씬 많을 것이다.

하지만 적어도 첫걸음을 내딛었다면 그 다음은 당신의 끈기에 달렸다. 기회가 있을 때마다 희망사항을 자꾸 말로 표현하고, 그것이 실현되는 이상적인 상황에 대해 상사와 몇 번이고 이야기하라. 이러한 지속적인 정보발신은 알게 모르게 상사의 내면에 자연스런 변화를 가져올 것이다.

협상을 성공으로 이끄는 요령은 희망하는 목표가 클수록 오랜 준비기간을 두는 것이다. 큰 변화는 하루아침에 일어나지 않는다. 인사이동에는 적어도 옮기려는 쪽의 준비와 후임자를 뽑는 과정, 인수인계 등 많은 절차가 필요하므로 최소한 몇 개월이 걸린다. 또한 이동할 부서에서 당신을 받아들이기 위한 예산을 채택했는지도 전제가 되어야 한다. 여러 가지 조건이 갖추어져야만 일이 진행되므로 무슨 일이든 준비 기간이 필요하다.

《《《 기회를 잡기 위해 부지런히 성과를 보고하라

자신이 맡은 일의 성과가 무엇인지 정확히 모르는 사람이 의외로 많다. 자신의 성과를 정확히 이해하지 못하면 상사에게 제대로 보고할 수 없다. 제대로 보고하지 못하면 상사는 당신이 인식하는 것과 다른 평가를 내릴 수도 있다.

성과 보고가 불필요하다고 말하는 사람들도 있다. 그들은 성과란 본래 누가 보더라도 명백한 것이어야 하므로, 보고하지 않는다고 몰라준다면 대단한 성과가 아니라고 말한다. 언뜻 생각하기에 옳은 소리 같지만 비즈니스 현장에서는 명백히 틀린 말이다.

우선 사람의 생각은 십인십색으로 일하는 태도를 바라보는 관점도 저마다 다르다. 성과는 평가자가 본인과 생각을 공유할 때 비로소 인정된다. 그리고 누가 보더라도 명백한 큰 성과를 낼 수 있는 기회는 좀처럼 찾아오지 않

성과보 고!!

는다. 오히려 그런 기회를 얻으려면 자신이 지속적으로 성장하고 있음을 알리는 노력의 일환으로 성과 보고를 해야 한다. 자신이 현재 위치에서 일하는 의의를 상대에게 계속해서 이해시키지 않으면 아무리 능력이 뛰어나고 젊다고 하더라도 구조조정 대상에 포함될 수밖에 없다.

성과를 보고할 때 중요한 점으로 3가지가 있다.

첫째, 보고 내용이다. 많은 사람들이 오로지 '자신이 무슨 일을 했는지'만 주장하는데 그런 식의 보고는 오히려 역효과를 초래하기만 한다. 상사는 당신이 조직에서 어떤 '구실을 하는지'를 인식하고 보고할 의무가 있는 사람이다. "이런 일을 했습니다."라는 보고를 받으면 상사는 머릿속으로 '그래, 그 일을 했군. 우리 부서에서 그 일도 처리하고 있지.'라고 인식한다. 한마디로 당신이 얼마나 유능하게 그 일을 처리했는지보다는 그런 일을 했다는 것에 초점이 맞춰진다는 말이다. 따라서 보고할 때는 자신이 '무엇을 했는지'가 아니라 조직에 '어떤 기여를 했는지'에 힘을 실어 설명하는 것이 현명하다. 그것은 자신의 시점에서가 아니라 조직의 시점에서 말하는 것을 의미한다. 즉 자신이 해낸 일이 전체 조직에서 어떤 기능과 의미를 지니는지 생각해 보는 것이 중요하다.

 남보다 쉽고 빠르게 일하는 요령

둘째, 보고하려는 목적을 정확히 이해하고 있어야 한다. 성과 보고의 목적은 평가자와 공통인식을 갖기 위함이다. 보고를 게을리 하면 당신과 상사 사이에 당신의 성과에 대한 인식 차이가 발생하고, 그 차이로 말미암아 '나는 정당한 평가를 받고 있지 못하다'는 스트레스를 받게 된다. 그리고 고민이 생기면 성과를 높이는 일에 신경을 집중하기 어렵기 때문에 좋은 성과를 내지 못하는 악순환을 초래한다.

셋째, 보고하는 타이밍이 중요하다. 다시 말해, '정보발신' 시점이다. 예를 들어 정기적인 근무평가나 보너스 책정을 위한 면담 기회는 일의 결과를 보고할 때나 과거에 자신이 했던 일에 대해 상사가 좋게 평가해줄 때처럼, 상사의 관심이 당신을 향해 있을 때 1대 1의 자리에서 마련하는 것이 효과적이다. 그렇지 않고 아무런 예고도 없이 무턱대고 당신의 성과에 대해 말을 꺼내면 상사는 제대로 들으려는 심리적인 준비가 되어 있지 않아 효과가 떨어진다. 또한 남이 있는 자리에서 이야기를 꺼내면 다른 부하직원의 눈도 있기 때문에 좀처럼 솔직한 이야기를 할 수 없다.

성과를 보고할 때 주의할 점은 자신의 공적을 주장하

는 것이 목적이 되어서는 안 된다는 점이다. 어디까지나 동료와 협력하여 이루어 냈다는 점을 인정해야 한다. 그리고 남 앞에서 다른 동료의 성과를 적극적으로 칭찬하는 것이 좋다. 그렇게 하면 좋은 분위기를 형성할 뿐만 아니라 다음 기회에 좋은 결과를 낼 수 있는 토대가 된다. 중요한 점은 전체 속에서 자신이 어떤 구실을 담당했는지 스스로 생각하는 습관을 기르는 것이다.

실패가 예상되면 마감 전에 보고해서 최악의 사태를 피하라

일이 늘 순조롭게 진행될 수만은 없다. 때로는 자신의 아주 사소한 부주의로 실패할 때도 있고, 아무리 철저히 추진해도 상황 변화나 상사의 방침 변경 등 외부 요인의 영향을 받아 일이 틀어질 때도 있다. 사람은 일이 순조로울 때는 자진해서 보고하러 가지만 상황이 나쁠 때는 별로 내키지 않아 한다. 그러나 상황이 나쁠 때일수록 정확히 보고해야 한다. 특히 자신이 맡은 일이 예정대로 완성될 것 같지 않을 때는 무슨 일이 있어도 꼭 보고해야 한다.

자신감에 차 있는 사람은 일을 제대로 처리하지 못한

 남보다 쉽고 빠르게 일하는 요령

채 마감시간이 임박해 와도 혼자서 이를 악물고 포기하지 않는 경우가 많다. 그 열의는 높이 사지만 만에 하나 마감날짜가 지나도 일을 완결하지 않으면 주변에 피해를 주게 된다. 조금이라도 늦어질 가능성이 보이면 그것을 안 시점에서 관계자에게 보고해야 한다. 마지막 순간까지 잠자코 있으면 늦었을 때 피해가 더 커지기 때문이다.

물론 모두에게 폐를 끼치지 않기 위해 포기하지 않고 끝내겠다는 마음은 중요하지만 결과적으로 늦어질 가능성이 있다면 우선 알려야 한다. 그 좋은 예가 회의에 지각할 것 같은 때다. 정해진 시간 안에 도착하지 못할 것 같으면 그 전까지 연락하는 것이 매너다. 시간이 지나고 나서 "늦었습니다."라고 연락하는 사람은 신뢰를 얻지 못한다. 그 시점에서 '약속을 깬 것'이 되기 때문이다.

일하는 도중에 '안 되겠다. 마감 전에 끝내지 못할 것 같아.'라는 생각이 들면 즉시 도움을 요청해야 한다. 물론 그냥 "못 하겠습니다."라는 말로는 불충분하다. 동시에 다음 대책을 세인하는 것이 중요하다. 예를 들어 동료 중의 누구누구에게 이 부분에서 도움을 받을 수 있다면 일을 끝낼 수 있을 것 같다든지, 최소한 어느 부분까지는 언제까지 할 수 있다는 제안을 하는 것이다.

누구든지 돌이킬 수 없는 사태를 초래할 가능성이 있는 사람에게는 일을 맡기지 않는다. 그러므로 한 번이라도 약속을 어겼다고 생각할 만한 상황을 만들어서는 안 된다. 마감일이 지나고 나서야 기대한 결과가 나오지 않았다고 알리는 것은 최악의 사태다.

"좀 시간이 부족할 것 같습니다."라고 말하는 것은 확실히 체면이 서지 않는 일이다. 하지만 경력 쌓기는 장기전이다. 매번 홈런을 칠 수는 없다. 타율은 3할 정도만 유지하면 충분히 주력타자로 인정받을 수 있다. 오히려 그런 태도가 상대에게 믿음을 주어 '이 사람은 아슬아슬할 때는 늦기 전에 반드시 알려준다'고 느끼게 함으로써 안심하고 일을 맡기게 한다.

»«　얼굴을 보여 주지 않는 사람은
신용을 얻기 힘들다

　요령 좋게 일하려면 모든 상황과 방법을 잘 활용해야 한다. 뿐만 아니라 자신과 맞지 않는 환경을 자신이 원하는 상태로 바꾸어 나가면 더 쉽게 목적을 달성할 수 있다. '환경을 바꾸는' 행위는 주로 자신의 희망을 실현하기 위해 필요한 사람의 협력을 얻어내는 작업이다. 그리고 협력을 얻기 위해서는 반드시 설득작업이 필요한데, 적극적인 정보발신을 통해 효과적으로 설득할 수 있다.

서양 외교관들 사이에서는 '설득에 가장 효과적인 것은 이론이 아니라 신용이다.'라는 믿음이 있다. 그리고 심리학에서 신용을 얻는 한 가지 방법으로 알려진 것이 자주 만나는 일이다. 만남의 횟수가 많으면 많을수록, 접촉 빈도가 높으면 높을수록 사람은 상대방의 존재를 친근하게 느끼고 신용을 쌓는다. 그래서 영업 사원들은 기회만 생기면 고객의 주문을 받으러 돌아다니고 그들과 만나 세상 돌아가는 이야기를 나눈다. 만나서 이야기를 나누는 것 자체에 중요한 메시지가 있기 때문이다.

자신의 커리어 목표를 실현하기 위해 꼭 필요한 사람은 자주 찾아가 보자. 만약 그가 당신의 상사가 아니라면 빈번히 만나야 할 필연적인 이유가 없을지도 모른다.

상대방의 사회적인 지위가 높을 때는 심리적인 벽도 높아져서 부담 없이 만나러 가기 어려울 수도 있다. 하지만 그럴수록 더더욱 기회를 만들어 만나야 한다. 그러한 당신의 행동은 상대로 하여금 특별한 관계로 발전할 수 있는 가능성을 의식하게 만드는 메시지로 작용하기 때문이다.

그렇다면 어떤 구실로 만나러 가면 좋을까? 첫째, 계절 인사를 이용하는 방법이 있다. 새해 인사나 전직, 자리이동의 기회 등을 잘 활용하는 방법이다. "이 기회에 보고를 겸해 인사드리러 찾아뵙고 싶습니다."라고 말하면 대부분 선뜻 허락할 것이다. 아니면 상대가 원하는 정보를 전해 주러 가는 방법도 있다. 업무상 연관이 있는 이야기는 물론이고 개인적으로 관심을 갖고 있는 분야라도 좋다. 공통의 취미가 있다면 최고의 화제가 될 것이다.

멀리 떨어져 있는 사람에게는 출장이나 여행갈 때 연락을 취하는 것도 한 가지 방법이다. 또한 친해지고 나서 상대를 자신의 장기적인 커리어 조언자로 삼기 위해 상대에게 직접적인 관계가 없어도 진행상황을 보고하러 가는 방법이 있다. 업무상의 고민은 효과적인 상담 주제다. 처지가 다를수록 상대는 당신의 생각을 신선하게 느껴 흥미 있게 들어줄 수도 있다. 당신보다 손윗사람인데다가 당신과 같은 세대의 자녀를 둔 사람이라면 당신에게 더욱 친근감을 느낄 것이다.

원칙 5

- 유언실행을 통해 목표를 설정하고 끝까지 해낼 수 있는 환경을 만들어라.
- 정보발신을 실천하여 상사나 주위 사람들과 인식을 공유하라.

POINT

일은 혼자 하는 것이 아니라 팀워크로 하는 것이다. 당신의 일과 경력 쌓기를 도와줄 사람도 당신의 상사와 동료, 부하직원, 그 밖의 '사람들'이다. 주저하지도, 주위를 무시하거나 독주하지도 말고 자신의 희망을 이루기 위한 도구로서 '유언실행'과 '정보발신'을 적극적으로 활용하자.

준비와 예측을 거르지 말자

'유비무환'이란 말이 있듯 일을 하기 전의 준비에 따라 결과에 차이가 생긴다는 사실은 잘 알고 있다. 그러나 준비를 하려면 막상 무엇을 어떻게 해야 하는지 막막할 때가 많다.

누구나 자신의 약점을 고치고 싶어 하지만 사람은 하루아침에 변하지 않는다. 살아온 기간이 길면 길수록 버릇이 몸 깊숙이 밴다. 성격상의 문제도 있다. 기억력이 뛰어난 사람이 있는 반면에 그렇지 못한 사람도 있고, 프레젠테이션을 잘 하는 사람이 있는가 하면 서투른 사람도 있다. 그런 능력은 타고난 대로 수용할 수밖에 없다. 하지만 상황이 변하기를 기다리고만 있을 것인지, 아니면 변화를 적극적으로 주도해 나갈 것인지는 자신이 선택할 일이다.

중요한 행사는 반드시 예행연습을 거친다. 큰 국제견본시장 등에서 기조강연을 하는 기업체 사장은 1년 전부터 준비를 하고, 글로벌 규모의 고객을 확보하기 위한 프레젠테이션을 하려고 2, 3일 전에 현지에 도착해서 아침부터 밤까지 준비한다. 이는 결과의 중요성을 고려하면 당연한 일이다.

한편, 준비가 부족하다는 생각은 늘 하면서도 실제로는 별로 준비하지 못한 채 업무를 처리하고 있다는 사실에 대부분 공감할 것이다. '기존의 흐름이 있으니까 어떻게 되겠지'라는 생각으로, 일을 시작하기 직전까지 다른 일에 쫓기는 것이 일반적이다. 하지만 결과에 미치는 영향은 차치하고라도 '어떻게 되겠지 하는 생각'과 '어떻게든 해내려는 노력' 사이에는 매우 커다란 차이가 있다.

준비에도 여러 가지가 있는데 여기서 말하는 준비는 '무슨 일이 생기더라도 안심'이라는 위기관리 차원의 발상이 아니라, 주체적으로 어떤 일을 하기 위해서 토대를 마련한다는 의미다. 환경의 변화에 휘둘리지 않기 위해서 적극적으로 환경을 컨트롤하겠다는 자세를 가리킨다.

회의 주선, 자료 작성, 프레젠테이션 연습 등 같은 일이라도 어떤 의도로 준비했는지에 따라 그것을 보고 듣는 사람이 받는 인상은 전혀 다르다. 어떤 목적의 회의인가, 무엇을 전달하고 쟁취하기 위한 자료인가, 어떤 의사결정을 내리게 하려는 프레젠테이션인가?

바람직하지 못한 준비는 이를테면, 목적의식도 없이 마구 상품을 사들인 뒤 전체적으로 보기 쉽게 진열하고 나서 "자, 보세요. 마음에 드는 것이 있으면 사세요."라고 장사하는 것과 같다. 이런 식으로 장사하면 상점 주인은 손님이 무엇을 살지 예측이 불가능하다. 그리고 그는 손님이 우연히 이 가게를 보고 우연히 마음에 드는 상품을 발견하여 우연히 사겠다는 의사결정을 내리고 우연히 요구에 응할 수 있을 만큼의 재고가 있을 때만 물건을 팔 수 있다. 이 경우는 불확정 요소가 너무 많아 주도권을 쥘 수 없다는 점에서 바람직하지 못한 준비라고 할 수밖에 없다.

요령 있게 준비하는 방법은 목표나 목적, 의도를 실현

 남보다 쉽고 빠르게 일하는 *요령*

이다. 물건을 팔 때는 '이 물건을 사게 만들겠다', '어느 정도의 가격에 사게 만들 겠다'라는 뚜렷한 목표가 있어야 한다. '오늘은 이 건에 대해서 상대의 승인을 얻겠다'라는 목적을 정해 두면 '예 스'라는 대답을 듣기 위한 준비만 하면 되므로 쓸데없이 시간을 낭비하지 않아도 된다.

예를 들어 회의를 준비하라는 지시를 받았다고 하자. 이럴 때 참석자와 회의장소, 회의시간만 확인하는 사람 이 많은데, 여기서 벗어나지 못하면 언제까지나 요령 없 는 사람으로 남게 되고 전문가로서 신뢰를 얻기도 힘들 다.

회의에서 가장 중요한 것은 '무엇을 결정할 것인가'라 는 점이다. 그 점을 파악하지 못하면 의사결정을 내릴 사람이 회의에 참석했는지, 타이밍은 언제가 좋은지, 모 든 조건이 갖추어지지 않았을 때는 어디에 우선순위를 두어야 하는지 판단할 수 없다.

만반의 준비를 갖추는 것도 중요하지만 그것만으로는 불충분하다. 상대의 터무니없는 말에 휘둘리지 않고 자 신이 바라는 것을 상대가 선택하도록 상황을 끌고 나가 는 것이 요령 좋게 준비하는 방법이다.

처음 해보는 일이라도 일의 결과를 대충 짐작할 수가 있다. 예를 들어 프레젠테이션은 상대에게 의사결정을 내리도록 하는 것이 목적인데, 이쪽에서 기대하는 방향으로 일이 진행되지 않을 때는 상대가 어떤 식으로 난색을 표명할지 상상할 수 있다.

만약 결과가 어떨지 예측할 수 없다면 그것은 분명히 준비가 부족했기 때문이다. 충분히 정보를 수집하지 못했다는 증거다. 상대가 무엇을 기대하고 어떤 과제를 안고 있으며 어떻게 해결하고 싶어 하는지, 이런 기본적인 정보들을 정확히 이해하지 못하면 상대의 기대를 뛰어넘는 아이디어를 제시하기 힘들다.

외국계 컨설팅 회사에서 수석 컨설턴트로 활약하고 있는 한 친구는 프레젠테이션에 임할 때마다 반드시 다음 사항들을 생각해 본다고 한다.

① 프레젠테이션에 이르게 된 경위는 무엇인가?
② 프레젠테이션의 청중은 누구인가?
③ 프레젠테이션을 하는 목적은 무엇인가?
④ 프레젠테이션의 목표는 무엇인가?

위의 4가지 사항을 정확히 이해하고 준비한다면 프레젠테이션은 성공할 수밖에 없다.

그 친구의 말에 따르면, 중요한 점은 ③의 '목적'과 ④의 '목표'를 정확히 구별하는 것이라고 한다. 다시 말해서 모든 프레젠테이션은 어떤 목적을 달성하기 위한 것이지만 실제로 프레젠테이션 하나만으로는 목적을 달성할 수 없을지도 모른다. 아니, 오히려 그것은 목적을 달성하기 위해 거쳐야 할 한 가지 요소에 지나지 않는 경우가 많다. 그에 비해 '목표'는 프레젠테이션을 끝마침으로써 달성해야 할 구체적인 항목이다. 그는 '청중에게 적어도 이 개요만은 이해시킨다'는 프레젠테이션 자체의 목적을 명확히 해두는 것이 중요하다고 말한다.

이런 구별을 통해서, 프레젠테이션이 프로젝트 달성이라는 '목적'에 전적으로 공헌하지는 못해도 프레젠테이션의 작은 '목표'를 이루었다면 프로젝트 달성이라는 큰 목표에서 벗어나지 않고 조금이라도 앞으로 나아갈 수 있다. 물론 프로젝트에서 프레젠테이션이 차지하는 비중도 명확해지므로, 프레젠테이션의 흐름도 쉽게 결정할 수 있고 가장 적절한 설명 방법이 무엇인지도 분명해진다.

그리고 당신이 사회인으로서, 혹은 지금까지의 인생을 살아오면서 '이것에 성공하기 위해서는 이런 관점이 필요하다'라고 다소간 느낀 점들이 있을 것이다. 그런 과거의 교훈을 방치하지 말고 확실히 인지하여 활용해 보자. 과거의 경험도 당신의 실적이며 소중한 노하우이기 때문이다.

《《《 회의를 시작하기 전까지 결론의 80퍼센트를 정하라

'무엇을 어떻게 결정할 것인가'라는 의제가 없는 회의는 무의미하다. 시간 낭비일 뿐 생산적인 모임이라고 말하기는 힘들다.

특별한 의도가 있는 경우를 제외하면, "아무런 준비도 필요 없습니다. 그냥 당일에 약속 장소에 모여 주세요."라고 지시받은 회의는 가능하면 참석하지 않는 편이 좋을 것 같다. 회의를 주재하는 방식 자체에 문제가 있으니 회의를 하는 의미가 없을 것이기 때문이다. 그런데 유감스럽게도 기업에서 하는 회의는 상당수가 이런 식이다.

회의는 그 목적이 의사결정인지 브레인스토밍인지,

자신이 설명하는 위치에 있는지 설명을 듣는 위치에 있는지, 또는 자신에게 기대되는 소임이 무엇인지에 따라 준비할 내용이 전혀 달라진다. 따라서 이러한 점을 참석자들에게 확실히 전달하는 일이 회의를 주선하는 사람의 최소한의 임무이다.

당신이 기획하고 어떤 합의를 도출하려는 회의에서는 시작하기 전에 내용의 80퍼센트 정도를 정해 두어야 자신이 기대하는 방향으로 진행된다. '모든 가능성을 논의'할 만큼 시간적 여유가 있다면 별개 문제지만, 동일한 결론이 예상될 때는 빨리 끝내는 것이 상책이다. 그리고 당신이 미리 정한 결론으로 회의가 귀결되어야 일을 요령 있게 할 수 있다. 그렇게 하려면 설득에 필요한 자료를 철저히 준비해 두어야 한다.

"여러 사람의 의견을 듣고 나서 생각해 보겠다.", "내 의견에 자신이 없다."라고 말하는 사람은 아직 스스로 결론을 내리지 못한 상태이므로 의사결정을 내리는 자리에서 자신의 기획안을 발표하는 것은 아직 시기상조다. 단지 의견을 듣기 위한 회의라면 '히어링'이라고 말하자. 다만 히어링 상대와 의사결정을 내리는 상대는 전혀 다르므로 상대를 착각하지 않도록 주의하자.

기회는 성장하는 계기가 된다. 업무상의 기회는 전보다 큰일에 도전하거나 일의 재량이 늘어나는 등 발전적인 일로 이어지는 계기를 만든다.

이러한 기회는 대부분 갑자기 찾아오는데 문제는 기회가 눈앞에 와도 제대로 살리지 못하고 놓치는 사람이 많다는 점이다. 기회를 놓치지 않으려면 기회가 온 것을 바로 깨닫고 그것을 놓치지 않고 살릴 수 있는 준비가 되어 있어야 한다. 기회를 살리기 위한 준비 사항에 대해서는 4장에서 '시간과 노력을 낭비하지 않기 위한 3대 포인트'라는 항목으로 정리했다.

여기서는 기회가 온 것을 놓치지 않고 바로 깨닫기 위해서는 어떤 식으로 준비하면 좋을지, 무엇을 준비해야 할지 생각해 보자.

기회가 찾아와도 '기회가 왔음'을 알아차리는 사람은 별로 많지 않다. 인생에서 큰 기회는 세 번 찾아온다고 하는데 작은 기회는 알게 모르게 무수히 많이 찾아온다. 그리고 기회는 '작은 변화'에서 오는 것이 대부분으로 이 작은 변화를 잘 알아 차려야 한다. 주로 다음의 3가지 사항에 주의하면 된다.

❶ 상사의 질문에 기회가 숨어 있는 경우가 많다

우선 상사의 말이 풍기는 느낌에 신경을 쓰자. 부하직원에게 성장할 기회를 주려고 할 때 상사는 먼저 그 사람이 어디에 관심을 쏟고 있는지와 어느 정도 준비가 되어 있는지를 파악하려 할 것이다. 준비는 '눈치'다. 자신이 던진 힌트를 부하직원이 눈치 채는지 못 채는지 시험하는 상사들이 많다.

"이것 좀 해보겠어?", "해보지 그래?"라는 새로운 도전을 재촉하는 말이 나오면 좀더 큰일을 경험할 기회를 주

려는 것이다. 당신이 분명하게 "하겠습니다."라고 대답하면 상사는 당신의 새로운 도전을 지원해 줄 것이다.

"더 좋은 방법이 없을까?"라고 물을 때는 당신의 한계 수준을 끌어올리려는 것이다. 창조력을 최대한 발휘하여 상사가 기대하는 아이디어를 제시한다면 당신의 노력을 높이 평가해줄 것이다.

"이건 어떻게 생각해?"라고 물을 때는 문제 해결의 착안점을 시험하는 것이다. 물론 상사 본인이 헤매는 경우도 많다. 그럴 때 상사가 깨닫지 못한 시점을 제공한다면 당신의 부가가치는 크게 올라갈 것이다.

일의 종류에도 주의가 필요하다. 보조자의 위치에 있는 직원에게 맡기는 일은 기본적으로 '작업'이다. 어렵게 생각하지 않는다면 누구라도 할 수 있는 일이다. 이런 일은 방법이 정해져 있어서 독창성을 더할 수 있는 부분이 적기 때문에 언뜻 보기에 단순한 것 같지만 일의 완성도에 있어서는 커다란 차이가 난다. 다음 단계의 일로 나아갈 준비가 되어 있는지 여부를 한눈에 파악할 수 있고, 다음 단계로 나아갈 때는 '작업'이 아닌 '임무'를 맡게 될 것이다. '임무'는 담당한 일의 목표를 달성하기 위한 수단을 스스로 찾아내야 하는 종류의 일이다.

 남보다 쉽고 빠르게 일하는 요령

이렇게 예를 들어 보면 일상에서 보고 듣는 광경이 많은 것 같지 않은가? 사실 우리는 자신도 모르는 사이에 다양한 형태로 시험을 치르고 있는 것이다.

둘째 주의 사항은 남에게서 얻는 정보들이다. 남에게서 얻는 정보에는 전날 본 드라마 등에 관한 잡담 수준의 이야기부터 사내 인사 문제에 관계된 이야기까지 여러 가지가 있지만, 특히 중요한 것은 자신이 능동적으로 관여할 수 있는 여지가 있는 정보들이다.

우선 구인정보가 있다. 사내, 사외를 막론하고 자신에게 기회가 될 만한 구인정보는 남이 전달해 주는 경우가 많다. 나도 입사동기가 현재의 상사가 사람을 구하고 있다고 가르쳐 준 덕분에 부서를 옮겼다. 또한 업계 네트워크를 주재하는 관계로 나는 다양한 사람들부터 구인 의뢰를 받는다. 이런 방식으로 사람을 뽑을 때는 특정 포지션의 특정 기술을 지닌 사람을 모집한다.

남이 알려주는 구인정보가 좋은 이유는 구인하는 쪽에서 당신을 채용하는 데 흥미가 있다고 이미 전달자가 판단해 주었다는 점 때문이다. 만약 그 전달자가 구인자와 개인적인 관계가 있다면 추천을 받아 채용될 가능성이 높다. 다만 주의해야 할 점은 결정하는 타이밍이다. 기본적으로 기업의 공석은 임대아파트의 빈 방과 같아서 '한 자리'뿐이기 때문에 선점하는 사람이 나타나면 그것으로 끝이다. 금방 결단을 내리지 않으면 기회는 사라져 버린다.

그리고 새로운 사람을 소개받는 것도 기회다. 남이 누군가를 소개할 테니 만나보지 않겠냐고 묻거나, 이런 사람들이 모이는 이벤트가 있는데 함께 가지 않겠냐고 초대하는 경우 등이다. 만날 상대를 미리 알고 있다면 화제도 미리 생각해 둘 수 있고, 소개해 준 사람과 새로 만날 사람 그리고 당신이 어떻게 협력할 수 있을지 생각하는 것만으로도 뇌운동이 된다.

내가 아는 어떤 사람은 어느 날 한 지인으로부터 "내일 비즈니스 파트너를 위한 이벤트가 있는데 보러 오지 않겠나?"라는 권유를 받았다. 그 사람은 "이 기회에 우리 임원을 소개할게."라는 말을 덧붙였다. 상대방의 회사는 프랜차이즈 사업으로 크게 성장해 그도 전부터 흥미가 있었지만 그가 근무하는 회사와는 업종이나 업태가 전혀 다른 기업이었기 때문에 업무상의 접점은 거의 없었다. 그는 "하룻밤 생각해 보고 가겠습니다."라고만 대답하고 대화를 끝냈다.

참석여부를 고민하던 그는 이업종 협업의 한 가지 가능성에 대한 아이디어가 떠올랐고 바로 참석하기로 결정했다. 그리고 이벤트 당일 그 지인으로부터 전무를 소개 받았다. 그는 밤새 생각한 아이디어에 대해 말한 다음 "만일 괜찮으시다면 이 기획안을 구체적으로 검토하는데 창구가 되어 주실 분을 소개해 주시지 않겠습니까?"라고 부탁해 신규사업담당 본부장을 소개받는데 성공했고, 그 후 곧 자신의 상사와 함께 회의를 열어 협업을 검토했다고 한다.

❸ 사람이 움직이는 곳에 기회가 있다

마지막으로 회사환경 변화에도 민감해져야 한다. 조직 개편과 대규모 구조조정 계획이 발표되었을 때, 사장이나 담당임원 혹은 더 가까운 같은 부서의 관리직이 교체되었을 때 등이다. 광고회사라면 새로운 고객이 정해질 때나 다음 연도에 담당할 내용을 정하는 프레젠테이션 시기가 될 것이다. 돌발적인 환경 변화가 있는가 하면 어느 정도 예상 가능한 정기적인 변화도 있다. 어느 쪽이든 환경이 변하면 사람이 움직인다. 사람이 움직이면 당신 자신이 성장할 수 있는 새로운 일을 제안하거나 새로운 역할을 맡게 될 가능성이 반드시 생긴다.

이런 변화들을 놓치지 않는 것이 기회를 잡기 위한 준비다.

원칙 6

- 준비는 위험요소를 없애기 위해서만이 아니라 자신이 주도권을 잡고 일을 추진하기 위해 하는 것이다.
- 기회든 위기든 미리 예측했는지 못했는지에 따라 그 후의 결과가 달라진다.

POINT

비즈니스에서는 유비무환을 좀처럼 실현하기 힘들지만 준비와 예측이 정확하면 정확할수록 기회를 살리거나 위기를 극복할 가능성이 커진다. 자신이 바라는 이상적인 결과를 구체적으로 상상하면서 준비해 나가자.

애교 하나로 요령에 차이가 생긴다

많은 사람들이 아주 중요하다고 인정하면서도 비즈니스 기술이라는 화제에 좀처럼 끼지 못하는 것이 '애교'다. 그 중요성은 누구나 이해하고 있을 것이다. 문제는 어떻게 활용할지다.

일을 전부 혼자서 도맡아 하는 것은 불가능하기 때문에 다른 사람의 도움을 받아야만 한다. 사소하게는 사무실에서 자리를 비웠을 때 대신 전화를 받아 달라고 부탁하거나, 휴가 중에 다른 동료에게 업무를 맡겨야 하는 일 등이다.

'그런 건 나도 알아.'라고 생각할지 모른다. 요즘 세상에 독불장군처럼 행동하는 사람은 전혀 현실성이 없어서 드라마 캐릭터로도 등장하지 않는다. 그러나 '이 사람이 시키는 일은 절대 하기 싫어!'라는 생각이 들 정도로 막무가내인 사람이 주변에 한두 사람은 있을 것이다. 오로지 자기 생각만 하고 남의 배려는 할 줄 모르는 안하무인인 사람으로 상사나 동료 중에 반드시 한 명쯤은 존재한다.

반면에 똑같은 일을 지시해도 어쩐지 미워할 수 없는 사람이 있다. '그 사람을 위해서라면 할 수 없지. 도와줘야지.'라는 마음이 저절로 생긴다. 대부분 상대의 감정을 잘 헤아리고, 같은 말을 해도 상냥하게 하는 사람들로 한마디로 하자면 애교가 넘치는 사람이라고 할 수 있다. 이런 사람에게는 악의를 품을 수가 없으며 어쩐지 미워하는 마음이 생기지 않는다.

요령 좋게 일을 추진하려면 아무래도 자신이 잘 하는 분야에 집중해야 하므로 서투른 분야나 우선순위가 낮은 일은 다른 사람에게 부탁하게 된다. 그럴 때는 애교가 중요한 역할을 한다. 당신이 해야 할 일을 다른 사람에게 부탁할 때는 상냥한 말씨로 상대방을 높이 치켜세우며 하는 것이 좋다. 다시 말해 애교스럽게 해야 한다

 남보다 쉽고 빠르게 일하는 요령

는 말이다.

문제는 애교스럽게 행동할 때 그것을 충분히 의식하면서 사용하고 있는가라는 점이다. 비즈니스 기술로 정당한 대우를 받고 있지는 못하지만 요령 좋은 사람들은 이 '애교'를 일에 효과적으로 활용하고 있다. 자신이 애교가 없다고 생각하는 사람은 먼저 자신의 어떤 모습이 애교스럽게 느껴지는지 생각해 보기 바란다.

《《 상대가 기쁘게 일을 맡도록 부탁하는 방법

요령이 좋기로 정평이 나 있는 사람에 대해 주변에서는 왜 그렇게 생각하게 되었는지 물어보았다. 그랬더니 "남에게 일을 부탁하는 방법이 뛰어나다."라고 대답한 사람이 상당히 많았다. 부탁을 받았을 때 싫다고 거절하지 못하게 만드는 사람이 분명히 있다. 그런데 이와는 반대로 무슨 부탁을 해도 들어주기 싫은 사람도 있다. 그 차이는 대체 어디서 오는 것일까?

한 가지 분명한 차이는 '부탁하는 방법'에 있다.

❶ 자신 있는 분야의 일을 부탁하라

부탁하는 방법이 뛰어난 사람은 상대방의 장점

을 살릴 수 있는 일을 부탁한다. 누구나 잘 할 수 있을
지 없을지 자신이 없는 일은 맡기를 주저하지만, 자신
있는 일은 비교적 쉽게 들어준다. 별로 수고스럽지 않으
면서 자신 있는 분야라면 자신의 능력을 살릴 수 있다는
보람도 느끼게 된다. 자신 있는 일을 맡겨 준다는 것은
자신이 힘을 발휘할 수 있다고 믿는 분야에서 신용을 얻
었다는 뜻이므로 부탁받는 사람에게는 그만큼 기분 좋
은 일이다.

따라서 반대로 생각하면 상대가 자신 없어 하는 일은
되도록 부탁하지 말아야 한다는 결론이다. 달리 부탁할
만한 사람이 없다면 어쩔 수 없지만, 상대방이 자신이 없

 남보다 쉽고 빠르게 일하는 요령

다고 느끼는 일이라면 가능한 부탁하지 않는 것이 좋다.

그리고 부탁한 일이 완성되면 반드시 감사의 뜻을 전해야 한다. 일의 결과가 만족스럽다면 "잘 했어요. 역시 대단하네요."라고 일의 성과를 칭찬해 주라. 조금 과장된 느낌을 주어도 괜찮다. 칭찬을 불쾌하게 느낄 사람은 없다. 오히려 그는 자신을 갖고 다음 부탁에도 흔쾌히 응해 줄 것이다.

❷ 함께 일에 참여하고 있음을 의식하게 하라

'이 사람을 위해서는 아무리 작은 일이라도 하고 싶지 않다.'라는 생각이 드는 사람이 있을 것이다. 이유를 설명할 수 없는 생리적인 혐오감 때문이라면 어쩔 수 없는 일이므로 제외해야 하지만 그런 경우가 아니라면 왜 그 사람을 싫어하게 되었는지 생각해 보자.

그 사람에게 일에 관한 지시를 받았을 때 지시가 명확하지 않아서 일의 내용이 제대로 이해되지 않았는가. 또는 그가 "이것 좀 알아서 해줘."라며 일을 던져 놓고 나서 결과에 대해서는 아무런 언급도 없이 다른 사람에게 일을 넘기지는 않았는가.

대게 거부감을 주는 사람들은 상대방에게 '일을 억지

로 떠맡는' 느낌을 준다. '나는 명령하는 사람, 당신은 처리하는 사람'이라는 식의 거만한 태도로 일관하니 기분 좋게 일할 마음이 생길 리가 없다.

상대의 기분을 상하게 하지 않으면서 일을 부탁하려면 '이 일에 함께 참여하고 있다'는 느낌을 주도록 해야 한다. 일을 그냥 던져 놓고 가 버리는 것이 아니라 서로 좋은 보완관계를 이룬다는 생각으로 '일의 전체적인 그림은 이러이러하다. 그리고 이 부분은 당신이 잘 한다고 생각하기 때문에 부탁하고 싶다.'라는 식으로 말해야 한다. 그리고 반드시 "이 부분은 내가 할 테니까. 이쪽을 맡아서 처리해 주십시오."라고 덧붙인다. 귀찮은 일일수록 그와 당신이 함께 짊어지고 있다는 느낌, 서로 각자의 역할을 분담하고 있다는 느낌을 전달하는 것이 중요하다.

그리고 상대가 담당하는 부분은 그의 자주성을 존중해서 "의논 상대가 필요하면 얼마든지 연락하라. 필요하다면 언제든지 응하겠다."라고 말해 두고, 상대가 자발적으로 일을 시작한다고 느끼게 하는 것이 중요하다.

❸ 이기는 시합에 출전시켜라

‘자신 있는 분야의 일을 부탁하라’는 내용과 통하는 부분인데, 반복해서 일을 부탁하는 동안 당신과 관계를 유지하면 본인도 성장할 수 있다거나 유리하다는 느낌이 들도록 일을 부탁하는 것도 한 가지 요령이다.

심리학적으로 볼 때 인간에게는 성공체험을 반복하길 원하는 욕구가 있다. 누구나 질 것 같은 시합보다 이길 가능성이 높은 시합에 나가고 싶어 한다. 공들여 자료를 만들었는데 아무도 봐 주지 않거나, 대부분 당신이 한 일인데도 전부 부탁한 사람의 성과가 되어 버리는 일처럼 보상이 따르지 않는 일은 누구나 하기 싫게 마련이다.

누구나 이왕이면 승리하고 싶고, 인정받고 싶다. 일을 하고 난 뒤 성취감을 느끼고 싶지 않은 사람이 어디 있겠는가. 그러므로 그런 것들을 보장해 주면 당신에 대한 신뢰도는 훨씬 높아질 것이다.

상대방이 부탁한 일을 처리해 주었다면 우선 “덕분에 이렇게 잘 됐습니다.”라고 칭찬한다. 또는 “전에 부탁했을 때도 잘 했지만 이번 것이 한결 좋다.”라며 성장을 인정하는 말을 한다. 프로젝트에 대한 협력을 의뢰했을 때는 "당신이 있어서 든든하다."라고 기대를 표시하고, 결과가 나왔을 때는 "과연 ○○씨야!"라고 말한다. 이런 간단한 일부터 시도하면 된다.

이런 말들이 부자연스럽다고 생각하는 사람도 있을 것이다. 그러나 전혀 그렇지 않다. 실제로 이런 말들이 내 주위 분위기를 긍정적으로 만들고 있기 때문이다. "한숨을 쉬면 행복이 달아난다."는 말이 있다. 사람은 긍정적인 분위기를 쫓아 움직인다. 긍정적인 분위기는 운이 강한 사람을 불러들이고 다른 사람의 운까지 좋게 만든다.

바쁜 사람에게 일이 몰리는 현상도 같은 원리다. 누구나 그에게 일을 맡기면 잘 해줄 것을 알기 때문에 부탁한다. 따라서 일을 부탁하는 사람은 자신의 부탁을 들어주면 '승리하는 경험'으로 이어진다는 점을 상대에게 확신시켜야 한다. 자신과 팀을 이루면 득이 된다는 점을 상대에게 인식시키면 바쁜 와중에도 당신의 부탁은 거절하지 않을 것이다.

《《 웃는 얼굴로 머리를 숙이자

역설적으로 들리겠지만 요령이 좋은 사람들 중

 남보다 쉽고 빠르게 일하는 *요령*

에는 남에게 일을 맡기는데 서투른 사람이 의외로 많다. 무의식중에 직접 하는 것이 빠르다는 생각에 혼자 처리해 버리기 때문이다. 그런데 이 부분이야말로 정말 요령 좋게 일을 추진하는 사람이 되느냐 못 되느냐를 가리는 중요한 포인트가 된다.

다시 한 번 말하지만 모든 일은 조직적으로 이루어지게 되어 있다. 혼자서 기획안을 짜거나 색다른 아이디어를 제공하는 일이 있기는 하지만 대부분의 일은 팀으로 이루어진다. 따라서 부하직원이나 전문가, 다른 부서의 힘을 빌리는 것은 어쩌면 당연한 일이다.

무슨 일에서든 남의 힘을 빌리고 싶다면 웃으면서 "부탁합니다."라고 말하며 머리를 숙여야 한다. 그런데 이를 필요한 곳에서 제대로 실행하는 사람이 의외로 적다.

사내에서 업무상 협력이 필요한 경우에는 상대가 누구인지 대부분 명확히 정해져 있다. 그럴 때는 협력해야 할 양쪽 모두 공동으로 해낼 수밖에 없다는 사실을 인정하고 동료나 상사도 그렇게 기대한다. 그런데 각 조직의 리더가 고집을 부리는 경우도 적지 않다. 전형적인 예는 다음과 같은 경우다.

우선 회의를 시작하고 상대편 프로젝트에 관한 이야

기를 듣는다. 공통의 합의점을 찾아 결론은 도출해야 함
에도 서로 '입장의 차이'에 중점을 두고 사안을 확인한
다. 서로의 차이점부터 확인하려는 부정적인 자세로 출
발하는 것이다. 결국 목표의 차이를 확인하고, 프로젝트
를 진행하는 의의가 다른 것을 확인하면서 서로 '뭔가
다르네.'라고 인식한다. 그럼에도 이야기를 계속 끌고
가다 보면 역시 협력해야 할 필요성이 분명히 나타나므
로, 마지막에 "자, 가끔 정보를 교환합시다."라는 식의
언제 실현될지도 모르는 애매모호한 합의로 그 자리를
마무리한다.

첫 단계부터 의심하는 마음으로 접촉하는 것은 명백
히 마이너스다. 상대로 하여금 방어적인 자세를 취하게
만들기 때문이다. 우선 "음, 재미있을 것 같군요."와 같
은 간단한 말로 시작해 보자. 상대에게 호의적으로 다가
가려는 그런 말이 좋은 회의 분위기를 형성하는 데 도움
이 된다. 서로의 목적이 다르더라도 일단은 좋은 결과를
만들어 낼 수 있다는 긍정적인 사고로 만나야 한다.

사람은 처음 대하는 상대나 처음 듣는 이야기에 대해
처음 몇 초 동안 적인지 아군인지, 사귈 것인지 말 것인
지, 신용할 수 있는지 없는지를 결정한다. 처음에 호의

적으로 접근하면 상대방도 무의식중에 그 호의에 답하려고 다가온다. 반대로 처음에 비우호적으로 대하면 상대도 방어적인 자세를 취하게 되어 그 후의 이야기는 아무래도 경직될 수밖에 없다.

우선 첫마디는 상대에 대한 긍정적인 흥미나 관심을 나타내는 말을 하자. 그것만으로도 상대의 협력을 얻기가 훨씬 쉬울 것이다.

- 애교는 당신에 대한 평가를 높이고 약점을 만회한다.
- 애교는 상대를 배려하는 마음과 일에 대한 진지한 태도에서 비롯된다.
- 애교는 우호적인 태도다.

자신의 요구를 관철시키고 요령 좋게 일하다 보면 폐를 끼치기니 이해관계가 일치하지 않는 사람이 생긴다. 그런 사람에게 부탁을 하거나 머리를 숙여야 할 때 더욱 효과를 발휘하는 기술이 애교다. 애교는 위기에서 당신을 구하고 기회를 불러온다.

업종과 직종을 불문하고 통용되는 요령이 있다. 첫째, 기본적인 일의 순서를 파악한다. 둘째, 패턴화하여 일의 내용을 나누고 과거의 경험을 활용할 방법을 생각한다. 셋째, 불필요하다고 판단한 일은 하지 않는다. 이것이 바로 요령 있게 일을 추진하는 3가지 포인트로 무슨 일이든 자신이 주체적으로 컨트롤하고 단시간에 완결하는 노하우다.

요령 있게 일을
추진하기 위한
3가지 포인트

일의 순서를 파악하라

업종과 직종이 달라도 일에는 어느 정도 공통적인 요소가 있다. 우선 그런 공통요소를 효율적으로 정확히 파악하면서 일의 흐름을 익히는 것이 중요하다. 요령 좋게 일을 추진하려면 '①전체를 파악한다→②목표를 설정한다→③자신을 분석한다→④동향을 조사한다'는 4가지 절차를 정확히 밟아 나가야 한다.

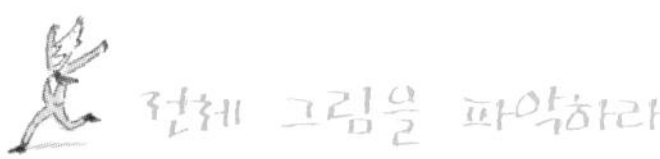

전체 그림을 파악하라

흔히 "사장이라고 생각하고 일을 하라."라는 말을 한다. 이 말은 경영자의 위치에서 자신의 업무를 이해하고 적극적으로 임하라는 뜻이다. 자사가 지금 어떤 상황에 처해 있는지를 파악하고 자신이 속한 업계 상황은 어떤지, 자신이 맡은 일의 비중은 어떤지를 알아야 한다는 뜻이다.

전체적인 흐름을 읽고 파악하지 못하면 일의 요소를 파악할 수 없다. 자신이 처한 현재 위치와 상황 그리고 큰 세계 속에서 당신이 맡고 있는 일의 우선순위를 생각해야 한다. 그렇다면 전체상을 파악하려면 어떻게 해야 할까? 아래에 몇 가지 방법을 소개하겠다.

《《 이 일이 장래에 어떤 도움이 될지 생각해 본다

자, 자신이 지금 맡고 있는 일을 떠올려 보기 바란다. 그리고 그 일이 한 가지씩 처리되는 상황을 상상해 보기 바란다. 당신이 완성한 일은 그 다음 어떤 경로를 거치게 될까?

상사가 검토한 뒤 다른 부서에 보낼까? 아니면 같은 부서의 동료가 다음 작업에 이용할까? 아니면 런던 지점에 메일로 보내져 어떤 일의 판단재료로 사용될까? 어느 경우든지 당신이 담당한 일을 끝냈더라도 그것은 다음 과정으로 넘어가지 않을까?

당신을 거쳐 남의 손에 건너간 일은 머지않아 일의 커다란 흐름이 되어 당신이 속한 조직에서 중요한 의미를 지니게 될 것이다.

큰 조직은 어느 부서에나 담당 임원이 있다. 그렇다면 그 임원이 받는 전체 보고 중에 당신이 맡은 일은 대체 어떤 구실을 할까? 예를 들어 당신이 경영자에게 보고하는 처지에 있다면 당신의 이야기는 그들의 머릿속에 어느 정도의 무게와 영향력을 지닐까?

그런 점에 주목하면 회사 일의 전체상과 당신의 일 사이의 관계가 눈에 보일 것이다. 자신의 일이 큰 흐름 속에서 어떤 구실을 하는지 알면, 앞으로 자신이 어떤 역할을 해야 하며, 무엇에 힘을 실어 일을 해야 하는지 금세 답이 나올 것이다.

《《 시점을 바꾸어 생각해 본다

일의 우선순위는 지위나 보는 시점에 따라 전혀 달라진다. 당신이 중요하게 여기는 일도 상사나 경영자가 볼 때는 별 것 아닐 수 있다. 그런 일이라도 그 자체가 당신을 흥분시킬 만큼 즐겁다면 지금까지 하던 대로 계속해 나가기 바란다. 그러나 지금보다 더 큰 일을

시점을 옮겨봐.
그러면 답이
보인다니까!
?

맡고 더 성장하기를 원한다면 다른 시점을 의식해야 한다.

TV 프로그램을 보면 영상 앵글이 자꾸 바뀌는 것을 알 수 있다. 사회자를 정면에서 비추다가 갑자기 게스트를 클로즈업하고, 이어서 객석의 뒤쪽에서 스튜디오 전체를 비추고 다시 사회자와 게스트들이 보이게 한다.

같은 프로그램을 카메라 한 대로 방송하려고 하면 시점이 하나로 고정되어 영상은 지루해진다. 하지만 시점이 다양한 영상은 시청자에게 현장의 생생한 모습을 쉽게 전달하는데 무슨 일이 일어나는지 빠르게 이해할 수 있기 때문이다. 프레젠테이션 등에서 상대를 설득할 때도 한 가지 시점에서만 이야기하면 설득력이 떨어진다. 상사나 동료에게 협력을 구할 때 역시 다양한 각도에서 협력의 필요성과 이점을 보여 주어야 효과적이다.

카메라를 여러 장소에 설치해 다양한 시점을 확보하는 방법은 여러 가지로 응용할 수 있다. 예를 들어 "이렇게 하면 부장이 기뻐하지 않을까요?"라고 과장에게 제안함으로써, 당신의 상사가 부장에게서 점수를 딸 수 있도록 힌트를 주는 것이다. 이때는 과장의 시점에서 둘이 함께 부장의 시점을 생각해 본다. 당신과 과장이 같은 영상을 바라보고 있는 것처럼 말하면 과장은 바로 옆에서 같은 곳을 보고 있는 당신에게 강한 연대의식을 느낄 것이다. 결국 당신에 대한 평가도 올라간다.

지금 현재 사내에서 당신이 차지하는 위치는 그다지 높지 않을 수도 있다. 그렇지만 사물을 바라보는 시점을 당신의 현재 처지와 직책에만 맞추어서는 안 된다. 자신이 희망하는 일의 기회를 얻으려면 자신의 처지를 스스로 바꾸어 나가야 한다. 그러기 위해서는 관계자의 시점에서 봐야 한다.

《《《 '성과 관리'라는 관점에서 전체를 본다

자신이 하는 일이 조직 속에서 어떤 가치를 생산하는지 의식하지 않으면 그것에 대해 설명하기가 어려울지도 모른다. 영업직처럼 판매 실적으로 성과를 나타내거나, 일의 진척을 양적으로 관리할 수 있는 정형화된 업무는 설명하기가 쉽지만, 그런 일이 아니라면 당신은 어떻게 자신이 한 일의 성과를 설명할 것인가? 이는 상당히 어려운 일이다.

이런 경우에 한 가지 방법은 우선 상사 등에게 자신의 임무를 분명히 정의해 주도록 요청하는 것이다. 상사가 그렇게 해줄 수 없다면 스스로 하도록 한다. 자신의 역할을 정의하려면 자신이 속한 부서와 조직의 역할부터 확인해야 한다. 어느 조직에나 목표와 사업계획이 있다. 그 목표를 달성하는 데 자신이 어떤 공헌을 할 수 있는지 유심히 살펴보면 쉽게 알 수 있을 것이다. 그렇게 하면 자신이 해야 할 일이 무엇인지 명확히 알 수 있고, 어떻게 하면 인정받을 수 있는지 파악할 수 있다.

자신의 역할을 정의하면 자신의 위치와 부서, 조직의 관계가 더욱 구체적으로 보이기 시작한다. 당신이 어떤 형태로 조직에 공헌하도록 기대되고 있는지, 무엇을 평가 대상으로 보고 있는지 그리고 당신의 역할은 회사 전체에서 도대체 어떤 의미가 있는지, 당신이 어떻게 행동하는 것이 최선인지 말이다.

'성과 관리'는 프로페셔널로서 자신의 시장가치를 스스로 증명하기 위한 수단이다. 지금까지는 회사와 상사가 자신을 평가하고 마음대로 가치를 정하면 개인은 그것에 따를 수밖에 없었다. 그러나 현재는 부서이동과 전직, 창업 등 수많은 선택 사항들이 있다. 앞으로는 자신이 얼마만큼 일할 수 있느냐를 주장하고 그 증거로서 성과를 제시하여 상대를 납득시키면 크게 성장하는 기회

213

를 붙잡을 수 있다.

기업은 이익을 올리기 위해 인재를 고용하고 성과에 따라 대우를 결정한다. 연공서열이 일반적이던 시대에는 근무 연수에 따라 기대성과를 계산하고 그 결과를 토대로 대우를 결정했다. 하지만 지금은 개인의 성과에 따라 대우를 달리 하고 있는 기업이 늘고 있으며, 이러한 풍토는 사회 전체로 확대될 것이다. 이때 가만히 앉아 회사가 자신의 대우를 결정하도록 놔둘 것인지, 아니면 스스로 승부수를 띄울 것인지는 당신의 선택에 달렸다. 적어도 "이 정도 가치 있는 실적을 남겼다."라고 내세울 만한 성과 관리를 해야 자신의 값어치를 높일 수 있을 것이다.

목표를 정하는 일은 자신이 나아갈 방향을 결정하는 것이다. 목표가 정해지면 자신의 능력 중에서 살려야 할 부분이 무엇인지 부족한 점은 무엇인지 파악할 수 있으므로, 어떤 점에 주의하면서 추진하고 어떤 과정을 밟으면 가장 빨리 도착할 수 있을지 길이 보일 것이

다.

그렇다면 어떻게 목표를 정해야 할까? 이 점에 대해서는 제2장의 63쪽에서 상세히 설명했다. 어쩌면 당신이 하는 일은 이미 목표가 정해져 있을 수도 있다. 예를 들어 결산일 일주일 전까지 서류를 작성하고 상사에게 보고하기 위한 보고서를 완성해야 하는 직책을 맡았다고 하자.

만일 그런 '성과를 위한 일'(제1장 49쪽 참조)이 당신의 일상 업무에서 대부분을 차지한다면 최대한 빨리 효율적으로(그야말로 요령 좋게) 그 일을 끝마치는 것을 목표로 정하라. 물론 일의 수준은 일정하게 유지해야 한다. 그리고 아무리 판에 박은 듯한 일이라도 반드시 개선의 여지는 있게 마련이므로, 목적한 대로 시간을 절약할 수 있었다면 앞으로 그 업무를 어떻게 하면 더 효율적으로 처리할 수 있는지 개선점을 생각해 보기 바란다. 좀더 여력이 된다면 상사와 동료, 부하직원을 끈기 있게 설득해서 조직 전체의 업무 효율을 높일 수 있는 방안을 마련해 보는 것도 이상적인 방법이다.

기획입안이나 프레젠테이션과 같이 자발적으로 시작한 '평가를 위한 일'을 할 때는, 이미 주어진 일의 전제

조건이 무엇인지부터 확인한다. 우선 정해진 조건, 변경할 수 없는 조건이 무엇인지 모조리 밝혀낸다. 예를 들면, 일의 일부를 의뢰할 기업이 이미 정해져 있어서 바꿀 수 없다거나, 경쟁회사는 어디와 어디가 참가한다거나, 예산은 얼마 정도라는 등의 조건들이다. 평가받기 위한 일을 할 때는 이런 전제조건에 대한 설명조차 듣지 못할 때도 있으므로 스스로 알아서 조사해야 한다.

그 다음은 정해진 조건을 반드시 달성하고, 그 위에 "나는 이만큼 해냈다."라고 말할 수 있는 기준을 정해서 임시 도달목표를 설정한다. 그 후 일을 추진하는 과정에서 벽에 부딪치거나 더 좋은 계획이 떠오르면 임기응변으로 그 목표를 수정해 나가면 된다.

무슨 일이든지 우선 목표부터 정해야 한다. "시작이 반"이란 말이 있듯 목표를 정하면 반은 성취한 것이라고 볼 수 있다.

요식업계에는 "소재의 본맛을 살린다."는 말이 있다. 당근이든 소고기든 재료의 본래 맛을 느낄 수 있

게 조리한다는 뜻으로, 그렇게 하려면 당연히 소재의 특징을 잘 알아야 한다.

이와 마찬가지로 자기 자신에 대해 모르면서 자신의 특색을 살린다는 것은 불가능하다. 그런데 의외로 자기 자신을 잘 모르는 사람들이 많다.

요령 좋은 사람이 되기 위한 자기분석에서 중요한 점은 자신의 한계를 파악하는 일이다. 다시 말해 자신이 무엇을 할 수 있는지가 아니라 무엇을 할 수 없는지를 알아 두어야 한다.

기본적으로 사람은 노력하면 어떤 일이든 대부분 할 수 있다. "하면 된다!"는 말도 있지 않는가? 하지만 요령 좋은 사람이 되려면 핵심이 아닌 부분에 힘을 분산시키지 말아야 한다. 예를 들어 체력에 그다지 자신이 없다고 하자. 하루에 최소한 7시간은 자야 하거나 만원버스를 타고 통근하기 힘들 만큼 체력이 약한 사람이 있다고 하자. 그런 사람이 장시간 근무해야 하는 직종이나 직장에 있다면 그것은 불행의 시작이다. '기회니까, 좋아하니까, 책임이 있으니까'라는 이유는 이해가 되지만, 일을 계속할 생각이라면 다른 선택사항을 고려해 보는 것이 좋다.

우선 자신이 서투른 일의 유형을 파악하자. 장시간 하고 싶지 않은 일, 스트레스를 많이 받는 일, 칭찬받지 못하는 일, 남과 비교 당하는 것이 괴로운 일 등이 여기에 해당된다. 자신이 좋아하는 일을 생각해 본 적은 많아도 서투른 일을 새삼스럽게 생각해 본 적은 별로 없을 것이다.

자신이 못하는 일과 자신에게 없는 것이 무엇인지 생각해 본 뒤에 자신의 능력과 장점을 최대한 활용해서 할 수 있는 일이 무엇인지, 또 하고 싶은 일은 무엇인지 생각한다. 굳이 서투른 분야를 새로이 개척하지 않아도 아직 선택사항이 있다는 사실을 깨eke게 될 것이다.

'동향'을 조사하라

지금 내가 하려는 일을 과거에 했던 사람은 어떤 수준으로 완성했을까? 같은 일을 하고 있는 사람들은 어떤 식으로 처리할까? 상사는 과연 어떤 결과물을 기대하고 있을까? 이런 질문을 던져 보기 바란다.

일의 '동향'은 조금만 조사해 보면 알 수 있다. 먼저 결과물을 제출할 곳에 물어보면 된다.

 남보다 쉽고 빠르게 일하는 요령

어떤 기업이 경쟁 프레젠테이션에 초대받았다고 하자. "이런 조건으로 아이디어를 찾고 있습니다."라는 주문을 받았을 때, 프레젠테이션에 참가하는 모든 기업에게 똑같이 주어지는 정보만 가지고는 경쟁에서 쉽게 이길 수 없다. 아니, 이길 수 없다기보다는 노력에 비해 열매가 적다.

무조건 더 많은 정보를 확보하기 위해 자세히 물어보아야 한다. 배경, 기대치, 조건, 채택 기준, 심사 과정 그리고 초대받은 다른 회사 명단과 참가자 이름 등을 묻는다. "대외비입니다."라고 대답하면 다른 힌트라도 얻어낸다. 다른 핑계를 생각해 내서 이야기할 기회를 만들고, 인맥을 활용해서 얻을 수 있는 최대한의 정보를 입수한다. 그렇게 하면 비공식적인 정보라도 의외로 많은 것을 손에 넣을 수가 있다. 그런 다음에는 확보한 정보를 토대로 얼마만큼 힘을 쏟을지 생각한 후 일에 착수한다.

일상 업무에서도 마찬가지다.

일을 부탁 받았다고 하자. 일을 맡기로 했으면 그 자리에서 상사에게 어느 정도 사안으로 생각해야 하는지 물어본다. 본서에서 설명하고 있는 요령 좋은 상사라면 흡족한 미소를 지을 것이다. 상대의 의도와 기대치를 묻고 나서 결과에 대한 대강의 이미지를 제시한다. 그리고 합의를 얻어낸 다음 일을 시작한다. 이를테면 상대는 한 쪽짜리 보고서를 기대하고 있는데 30쪽이나 되는 상세한 분석 자료를 만들기 위해 기운을 낭비할 필요는 없다는 뜻이다.

여기서 말하는 '동향'은 시장조사, 참고문헌, 전례, 과거문제, 경쟁분석을 의미한다. 동향을 알려는 목적은 성패의 기준을 대략 파악하는 것이지만 그것을 어떻게 활용할지는 당신의 자유다. 예를 들어 요령 좋은 사람은 달성할 수 있는 수준을 파악하여 경쟁이 심한 곳은 깊이 파고들지 않겠다거나, 주위의 기대치를 정확히 반영하겠다는 등의 판단을 내리기도 하고, 보통 남들이 예측하는 것에서 조금 벗어난 일을 하는 등의 기술을 사용하기도 한다. 어쨌든 동향을 알아야 비로소 인정받는 결과를 가장 효율적인 방법으로 만들어 낼 수 있다.

 남보다 쉽고 빠르게 일하는 요령

패턴화해서 생각하라

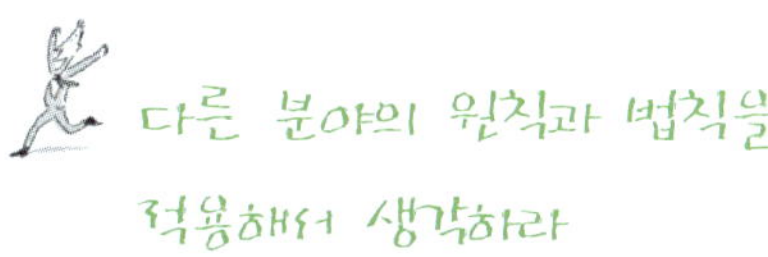

처음 하는 일인데도 실수 없이 해내는 사람을 보면 "잘 하네."라고 감탄하게 된다. 주위 사람들은 "처음 하는 일일 텐데."라며 놀라워하지만, 당사자는 '전체로 보면·처음 하는 일이지만 세부적으로는 몇 번씩 해본 일들의 집합체'라고 생각하고 일을 추진하는 경우가 많다. 요령이 좋은 사람은 패턴 인식을 잘 해서 과거의 경험 중에서 활용할 만한 것을 최대한 활용한다.

업무 현장에서 발생하는 일들은 복합적인 요소의 다

양한 조합으로 구성된다. 그러나 주의 깊이 관찰해 보면 의외로 단순한 역학관계에 따라 움직인다는 사실을 알 수 있을 것이다. 따라서 그 원리만 파악하면 나머지는 비슷한 법칙을 가설로 적용하여 일단 진행하면 되는 일이 의외로 많다.

일도 기본적으로 사람들이 모여서 하는 것이라 어떤 문제가 발생했을 때 그 원인이 인간관계에 있는 경우가 많다. 사소한 오해나 성격으로 빚어진 문제, 의사소통의 어려움 등을 꼽을 수가 있는데 비즈니스 현장에서 이런 문제들이 발생했을 때 심리학 이론이나 연애 법칙을 적용시켜 보면 의외로 참고가 된다.

예를 들면 인간에게는 사랑하는 사람으로부터 사랑받고 싶어 하는 욕구가 있다. 남녀관계나 부모의 사랑을 받고 싶어 하는 어린아이를 생각하면 쉽게 상상할 수 있을 것이다. 보통 동생이 태어나면 부모의 사랑을 독차지하던 첫아이는 위기감을 느끼고 동생에게 라이벌 의식을 느끼는데 나는 비즈니스 현장에서도 비슷한 심리가 작용한다고 생각한다. 예를 들면 인정받기 위해 필사적으로 상사의 마음을 끌려는 사람들이 있다. 이른바 '예스맨'이 여기에 해당된다. 따라서 상대방이 유독 눈에 거슬리는 행동을 보이더라도 '그래, 그의 행동을 이렇게 이해하자. 누군가의 사랑이 애타게 필요해서 그러는 거야.'라고 생각하자. 그러면 그가 쉽게 이해될지도 모른다. 다시 한 번 말하지만 인간의 심리와 행동 패턴은 의외로 단순하다는 것을 기억해야 한다.

비즈니스 현장에서도 마찬가지로 한 가지 수법을 다양한 업계에서 응용하여 사용하고 있다.

일례로 기업의 업무 절차 개선을 들 수 있다. 식스시그마(six sigma, 품질혁신과 고객만족을 달성하기 위해 실행하는 21세기형 기업경영 전략-역주)나 소프트웨어 개발 프로세스 관리법인 CMM(Capability Maturity Model) 등을 도입하려고 할 때 처음부터 전 사업장을 대상으로 실시하지는 않는다. 먼저 부분적으로 시험 삼아 도입해 보고 기대한 결과를 확인한 뒤에 조금씩 적용 범위를 넓혀 나간다. 이렇게 부분도입에서 전체로 확대, 전개해 나가는 수법은 업계를 불문하고 폭넓게 채용되고 있다.

잘 알려진 예가 출시를 앞둔 신제품의 시험 판매다. 신제품이 나오면 전국 판매를 시작하기 전에 한 지역에서 조사를 목적으로 선행 판매를 하는데, 전국으로 판매를 확대하기 전에 소비자의 반응을 살펴서 필요한 조정을 한다.

군이 전문 분야의 이야기를 꺼내지 않아도, 일상 업무에서 다양한 비즈니스 이론, 이를테면 경영원칙이나 경제학 등에서 참고가 될 만한 법칙을 발견할 수도 있고, 유행이나 마케팅 이론 등 세상의 흐름을 통해 새로운 구조를 이해할 수도 있다.

여하튼 언뜻 무관해 보이는 분야라도 당신이 하는 일과 비슷한 구조나 관계를 깨달으면, '저 경우에는 저렇지만, 내 경우에도 비슷할까?'라고 생각해 보자. 그리고 비슷한 결과가 나올지 어떨지 일단 추진해 보는 것도 한 가지 방법이 아닐까?

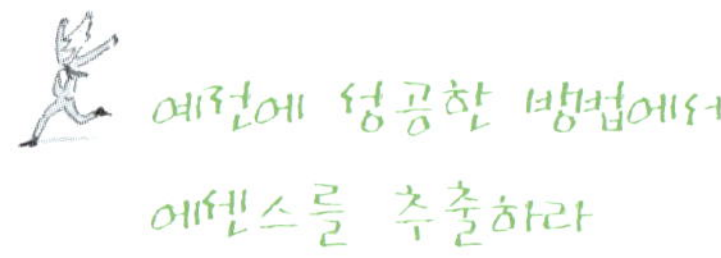

시대가 급속히 변화하면서 과거에 성공한 방법이 점점 통용되지 않고 있다. 비즈니스 서적을 읽으면 언제까지나 정해진 방법을 고집해서는 안 된다는 뜻의 '성공체험을 버리자'는 논조가 눈에 띈다. 나 역시 한 가지 방법에만 의존하는 것은 확실히 문제가 있다고 생각하지만, 성공체험을 전부 무시하는 견해에는 찬성할 수 없다. 인간은 기본적으로 성공체험을 통해 처세술을 습득하기 때문이다. 예를 들면, 성공 체험을 고집하는 사람은 문서를 작성할 때 비즈니스 문서 예문집에서 샘플을 가져와 날짜와 이름만 바꾸어서 그대로 사용하려는 사람이다. 문서를 받아 보는 쪽에서는 '이 사람은 분명히 스스로 생각해 보지 않았구나.', '신뢰할 수 없는 사람이다.'라고 생각할 것이다. 그래서 애써 문서를 작성하고도 비즈니스 목적을 달성하지 못하는 일이 발생한다.

그러나 예문집은 사용 방법에 따라서는 아주 편리하다. 익숙하지 않은 비즈니스 문서라도 대충 어떤 내용을 담으면 되는지 알 수 있고, 별로 수정하지 않아도 사용할 수 있을 때도 있다. 그럴 때는 그대로 사용하지 말고 내용의 핵심, 즉 에센스만 추출하자. 기본토대에서 중요한 핵심만 수정하고 보완한다면 아마도 완벽

한 문서를 작성할 수 있을 것이다.

성공 체험도 마찬가지다. 아무리 시대가 변해도 ‘성공의’ 조건은 그렇게 크게 달라지지 않는다. 다시 말하면 성공 체험에서 얻은 에센스는 시대가 변해도 사용할 수 있고, 다양한 성공 에센스의 조합으로 새로운 성공을 이끌어 내는 것이 가장 빠른 성공의 지름길이다.

성공 체험은 자신감과 의욕의 근원이기도 하다. 성공했을 때 느끼는 성취감과 충만감을 다시 한 번 맛보기 위해 새로운 도전에 맞서려는 마음이 생긴다. 물론 체험을 잘 활용했을 때의 이야기다.

인간은 성공 체험을 바탕으로 행동을 결정한다. 학생들은 시험에서 좋은 점수를 받으면 좋은 평가를 받기 때문에 시험공부를 한다. 또한 남에게 친절을 베풀면 상대방이 고마워하는 것이 기분 좋기 때문에 다시 친절을 베푼다. 심리학에서는 이를 ‘강화학습’이라고 한다.

다른 한편으로 한 가지 방법만을 고집하는 것은 확실히 위험하다. ‘전에 상대방을 만족시켜서 성공한’ 사례라고 해도 이번에도 역시 그럴 것이라는 보장은 없다. 그런 의미에서 "체험을 그대로 정형화된 틀처럼 아무 일에나 적용시키는 것은 범용성이 낮으므로 주의하라."는 정도로 말하는 것이 옳은 것 같다.

성공한 사람 중에는 스스로 의식하든 못하든 과거의 성공체험을 적절히 살려서 실제로 활용하는 노하우를 가지고 있는 사람이 많다. 전에 성공한 방법을 그대로 사용할 수 있는 가능성은 낮을지 모르지만 그 에센스를 살림으로써 요령 좋게 일을 추진할 수 있다.

잠시 상황을 지켜보며 흐름을 이해하라

나는 라스베이거스로 출장을 갔다가 카지노를 보면서 '성급히 행동하지 않고 먼저 흐름을 잠시 지켜보는 것이 중요하다'는 점을 깨달았다.

당시에 나는 룰렛 게임을 구경하고 있었다. 그 판에서 도박을 하는 사람은 다섯 명이었고, 그 중에서 두 명이 상당히 많은 돈을 따고 있었다. 한 사람은 30대 정도로 보이는 여성이었고, 다른 한 사람은 미국 중서부에 흔히 볼 수 있는 풍채 좋은 중년남성이었다. 잠시 지켜보니 돈을 따는 사람과 돈을 잃는 사람의 도박하는 방법이 크게 다른 것을 알 수 있었다.

한 번에 역전을 노리는 방법은 성공하지 못하고 있었

다. 돈을 잃는 사람은 확률이 50대 50일 때 굉장히 큰 액수의 돈을 걸었다. 구슬이 빨간색 구멍에 들어갈지 검정색 구멍에 들어갈지에 따라 승패가 판가름 나는데 그는 이때 상당한 액수의 돈을 걸었고 번번이 게임에서 지고 말았다. 그러나 이기고 있는 사람은 그와 달리 분산투자를 했다. 보통 이렇게 도박을 하면 승리할 확률이 낮을 것이라고 생각한다. 현장에서 보고 있어도 역시 같은 생각이 들었다. 하지만 실제로 구슬은 분산투자를 한 사람이 건 쪽으로 들어갔다.

내가 말하고자 하는 것은 이상과 같은 흐름을 알고 나서 도박을 시작하는 것과 전혀 모르고 하는 것에는 커다란 차이가 있다는 것이다. 이것은 꼭 카지노에 국한된 이야기만은 아니다. 중요한 것은 무슨 일이든 '많이 하다 보면 맞추는 날이 있겠지.'라는 사고방식으로 임하지 말고 '이기고 있는 사람의 기술을 잘 보고 따라 하라'는 것이다. 행동을 취하기 전에 약간만 주의 깊게 흐름을 살펴보면 대단히 효율적으로 일의 정확도를 높일 수 있다.

어떤 사람을 발탁하는 데는 이유가 있다. 그런 사람은 남과 무엇이 다르고 어떤 점을 인정받아서 기회를 얻는 것일까? 일을 강제로 떠맡는 사람과 일에 관한 상담을 받는 사람의 차이점은 무엇일까?

그것은 아주 사소한 차이에서 비롯되는 경우가 많다. 위에서 설명한 흐름을 깨달았느냐 못 깨달았느냐에 따라 큰 차이가 발생한다. 일상생활에서 좀더 알기 쉬운 예를 찾는다면, 새로운 상사의 성격을 파악하고 있는지를 들 수 있다. 상사가 어떤 점에 가치를 두고 무엇을 평가하며 어떨 때 기분이 안 좋아지는지는, 조금만 유심히 지켜보면 금세 파악할 수 있다. 그리고 그런 사실을 알고 있느냐 모르느냐에 따라 당신이 받는 평가는 크게 달라진다.

불필요한 일은 하지 마라

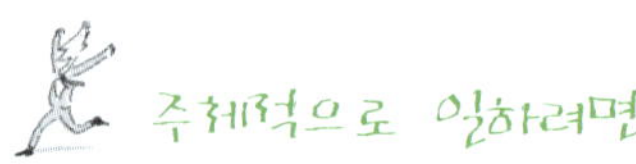

주체적으로 일하려면

'성과를 위한 일'과 '평가를 위한 일'의 구별이 중요하다는 것은 1장 49쪽에서 설명했다. 그런데 일상 업무에서는 때때로 그 어느 쪽에도 속하지 않는 일들이 발생한다. 그런 일은 특별한 의도가 없는 한 맡지 않는 것이 현명한데 이번에는 그런 일을 맡지 않고 지나갈 수 있는 요령에 대해 소개하겠다.

내 능력을 넘어서는 과다한 업무는 치명적이라는 사실을 항상 명심해야 한다. 따라서 생색도 안 나고 시간만 잡아먹는 일을 떠맡지 않기 위해서는 어떻게 하면 좋은지 그 방법에 대해 알고 있어야만 한다.

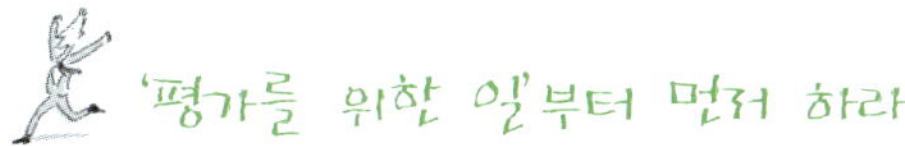

　　상사나 매니저라는 사람들은 한가해 보이는 사람을 보면 거의 무의식적으로 무슨 일이든 시켜야 한다고 생각한다. 더 심하게 말하면 상사는 억지로 만들어서라도 일을 맡긴다. 그리고 분명히 말하지만 그런 일은 당신이 원하는 경력을 쌓는 과정에서 보면 소모적인 일인 경우가 많다. 해도 그만, 안 해도 그만인 일들로 대세에 지장을 주지 않는 일이 대부분이다.

　반대로 바쁘게 움직이는 사람에게는 그런 일은 돌아오지 않는다. 그렇다면 바쁜 척 하는 방법도 생각해 볼 수 있겠지만, 그것보다는 조금이라도 시간의 여유가 생기면 적극적으로 '평가를 위한 일'을 찾아서 스스로 실행해 나갈 것을 권한다.

　그런 일을 많이 만들어 자발성과 열의를 드러내면 상사도 '이 사람은 스스로 과제를 찾아서 일을 시작하고 혼자서 결과를 만들어 낼 수 있는 사람'이라고 판단할 것이다.

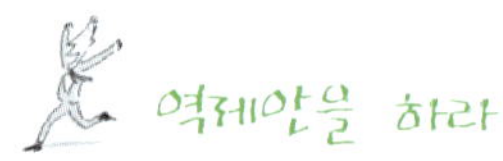

　　바쁠 때 갑자기 상사가 일을 부탁하는 경우가 있다. 당신은 '이 사람은 왜 지금 이 일을 시키려고 할까? 부하직원의 일을 방해할 생각이란 말인가?'라고 생각할지도 모른다.

　　그런 상황을 돌파하는 한 가지 묘수는 질문을 잘 해서 상대의 의도를 파악한 뒤 당신의 생각을 전달해서 서로에게 의미 있는 다른 형태의 일로 바꾸어 버리는 것이다. 즉 역으로 당신 쪽에서 제안을 내놓는 것인데 약간의 노력으로 일의 진행방향이 완전히 달라진다.

　　예를 들어 당신이 분초를 다투며 마감 전에 보고서를 완성하려고 온힘을 쏟고 있을 때, 과장이 "이것 좀 서둘러 부탁하네. 부장이 내일부터 출장이라 그 전에 보고해야 돼."라며 새로운 일을 가져왔다고 하자. 그 일에 매달리면 완성하려고 했던 일은 마감 전에 끝마칠 수 없고, 일의 내용은 지금 맡고 있는 일을 희생해 가면서까지 할 만한 것은 아니라고 느꼈다고 하자.

　　이럴 때 역제안을 해서 어려움을 피하려면 어떤 식으로 말해야 할까? 핵심은 당신이 이 일을 거절해야 된다는 점이다. 그러나 거절은 하되 퇴짜를 놓아서는 안 된다. 그냥 "못 합니다."라고 대답하는 것은 최악의 상황이다. 과장도 면목이 서지 않고 문제를 해결해 주지도 못하기 때문이다.

요령 좋은 사람은 먼저 자신의 상황을 설명한다. 도저히 모든 일을 맡을 수 없다는 사실을 전달하고 나서 제안을 내놓는다. 만약 당신 대신 그 일을 맡을 수 있는 사람이 있다면 그를 추천한다. 당신보다 그가 더 그 일에 익숙하다거나, 배경지식에 정통하다거나, 다른 일과 연관이 있다는 등 여러 가지 이유를 생각해 볼 수 있다. 그 사람이 미덥지 못하다면 "그가 잘 해낼지 한번 시켜 보는 것도 좋겠습니다. 지금까지 능력으로 보면 충분히 해낼 수 있을 것 같은데 말입니다."라고 말하는 방법도 있다.

남이 대신할 수 없는 일일 때는 일의 형태를 바꾸는 제안을 한다. 예를 들면 "요점만 구두로 설명하고 나머지는 부장이 출장에서 돌아왔을 때 더 자세하고 구체적인 보고를 올리면 어떨까요?"라든지, "손수 할 수는 없지만 요점만 지시하고 다른 사람에게 부탁하면 어떨까요?"라고 제안하는 방법이다.

그리고 일의 타당성도 충분히 검토해 봐야 한다. 내용

은 좋은지, 결과를 보고하는 시기는 적절한지, 판단에 필요한 정보는 준비되어 있는지 등이다. 만일 그 자리에서 당신이 더 나은 일의 형태를 생각해 낼 수 있다면 "그것보다 이런 방향은 어떻습니까?"라고 말하면 될 것이다.

부탁받은 일을 맡을 수 없는 상황에서는 단지 거절만 하지 말고 자신의 아이디어를 덧붙여 역제안이라는 형태로 돌려보내는 것이 무리 없이 일을 거절하는 한 가지 방법이다.

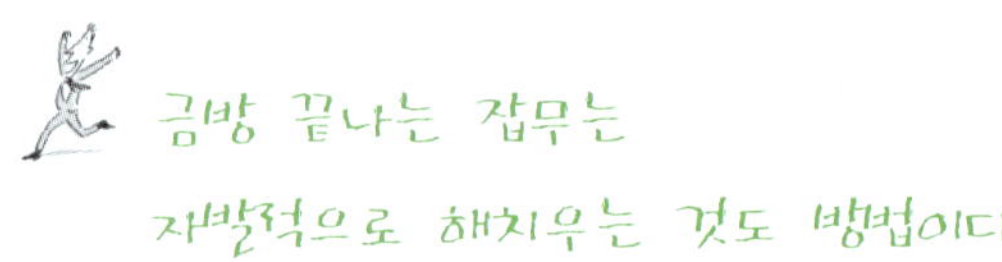

금방 끝나는 잡무는 자발적으로 해치우는 것도 방법이다

담당자가 특별히 정해져 있지는 않지만 누군가는 해야 할 잡무가 있다. 자신이 맡은 일은 아니더라도 시간이 걸리지 않는 일이고 때마침 생각이 미쳤다면 당신이 직접 하라.

그런 일을 하는 데는 3가지 의미가 있다.

① 당신이 생각해 냈다는 것은 어떤 인연이다.

② 주변에 대한 봉사 차원이다. 당신은 요령 좋게 일을 하기 위해 최소한의 일 이외에는 '버린다'는 결단을 했다. 그럼으로써 깨닫지 못하는 부분에서 주위 사람의 도움을 받는 경우도 있을 것이다. 그러므로 그 정도는 당신도 주위 사람들을 위해 협력하자. 그런 작은 행동으로 모두 기분 좋게 일할 수 있다면 그것은 노력에 비해 매우 가치 있는 일이 된다.

③ "이것 좀 부탁해도 될까?"라고 부탁 받은 일이 아니라는 점이 중요하다. 지금 당신 앞에 놓인 일은 당신이 자발적으로 처리하려는 일이다. 긍정적인 평가를 받을 수는 있어도 부정적인 일로 보이지는 않는다. 그리고 약간의 시간 이외에 잃을 것은 아무것도 없기 때문이다.

"유난히 자존심이 센 녀석이 있어."라며 나의 상사가 불만을 표현한 적이 있다. 한 부하직원에게 신입 사원을 위해 박스에 들어 있는 새 컴퓨터를 세팅하라고 지시했더니 "그건 제 일이 아닌데요." 하고 대답했다는 것이다. 누군가 해야 되고 별로 시간을 많이 빼앗기는 일도 아닌데 그 직원은 자신의 업무가 아니라고 거절했다는 것이다.

10분만 투자하면 내 이미지가 up!
자투리 시간

나는 이와 비슷한 이야기를 여러 사람에게서 들었는데 이런 일은 남이 말하기 전에 먼저 나서서 해결하는 것이 좋다. 누군가는 해야 함에도 선뜻 나서는 사람이 없는 일, 이런 일은 적은 수고를 들이고도 좋은 평가를 들을 수 있는 일이기 때문이다.

요령은 일과 생활을 즐기고자 하는 지적창조력이다. 요령은 타고나는 재능도 아니요, 정체성을 형성하는 개인의 자질도 아니다. 노력과 시행착오를 거듭하면 거듭할수록 요령은 좋아진다. 요령이 없는 것을 핑게 삼지 말고 자신에게 맞는 일처리 방법을 찾아내어 정말 하고 싶은 일에 철저히 몰두하면서 즐거운 마음으로 경력을 쌓아 나가자.

요령은 갈수록

더 좋아진다

당신은 왜 요령이 없을까?

스스로 요령이 없다고 생각하는 사람이 많다. 우리는 생각지도 못한 방법으로 문제를 해결하거나 자신이 고생해서 한 일을 거뜬히 해내는 타인을 보면, 똑같이 하지 못하는 자신을 '요령이 없다'고 생각한다. 하지만 그런 사람들은 대부분 요령 있게 할 수 있는 방법을 미처 생각해내지 못했을 뿐이지 요령이 없는 것은 아니다.

'난 요령이 없으니까'라고 변명하는 것은 깔끔한 일처리를 당연하게 생각한다는 증거로 단지 노력을 하지 않았을 뿐이다.

무엇에 주목해야 할지, 어떻게 하면 '요령 있게' 일할 수 있을지 잠시 생각해 보고 기본적인 확인 사항을 점검해 나간다면 매우 손쉽게 자신이 원하는 경력을 쌓을 수 있다. 본장에서는 요령을 좋게 하기 위한, 요령 있게 일하기 위한 몇 가지 주의 사항을 소개한다.

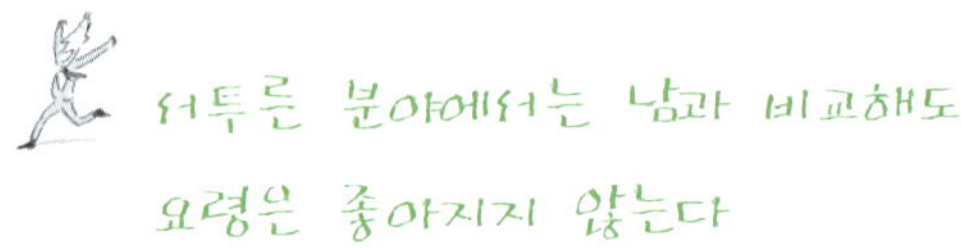

서투른 분야에서는 남과 비교해도 요령은 좋아지지 않는다

옆에서 보면 그 정도는 아닌데 스스로 요령이 나쁘다고 믿는 사람이 의외로 많다. 그런 사람은 자신에게 암시를 걸고 있는 것이다. 그리고 환경이 나쁘다고 한탄하는 사람이 있는데, 환경은 스스로 조성하는 것이므로 자신이 컨트롤할 수 있는 일을 하지 않고 불평만 하는 것은 단지 게으름의 소치일 뿐이다.

사람들은 힘든 일일수록 오래도록 기억한다. 고생한 경험일수록 기억에 남고, 반대로 쉽게 이룬 일은 잘 기억하지 못한다. 가장 우울한 일임에도 사람들은 흔히 자신이 병을 극복한 경험담을 이야기하기 좋아하는데 건강할 때는 건강 자체를 별로 화제로 삼지 않는다. 고생한 기억은 강하게 남고 편한 일은 희미하게 기억하는 것과 같은 이치다.

우리는 자신이 고생해서 넘은 벽을 아주 손쉽게 넘는 사람을 보았을 때 요령이 좋다고 느낀다. 자신의 체험이 고통스러우면 고통스러울수록 기억에 강하게 새겨지기 때문에 더욱 차이를 느낀다. "어째서 나는 고생해서 한 일을 저렇게 간단히 할 수 있을까?"라며 반은 분한 마음으로 자기 자신과 비교한다. 더구나 그 결과가 자신이 고생해서 얻은 것보다 더 좋을 때는 크게 좌절한다.

이렇게 자신이 서투른 분야에서 남과 비교하는 것은 무의미한 일이다. 열등감을 느낄 필요도 없고 그런 식으로 남을 부러워하는 것은 시간 낭비일 뿐이다.

기본적으로 작품의 독창성으로 일의 완성도를 평가받는 예술가나 연예인들에게는 '요령이 좋다', '나쁘다'는 말을 쓰지 않는다. 그런 사람들은 작품의 완성도로만 평가받기 때문에 요령이 좋고 나쁨은 문제가 되지 않는다는 점을 모두 알고 있다.

사실은 일반 회사원도 똑같다. 남과 요령의 좋고 나쁨을 비교하는 것은 무의미한 일이다. 비교 조건도 다를 뿐더러 살아가는 목표와 방법도 각자 다르기 때문이다. 처음부터 비교대상이 될 수 없는 것이다.

요령은 바로 자기 자신을 위해서 일이나 생활을 조금이라도 즐겁고 알차게 만들려고 끊임없이 연구하는 자세다. 결코 전전긍긍하려고 자기 암시를 거는 것이 아니다.

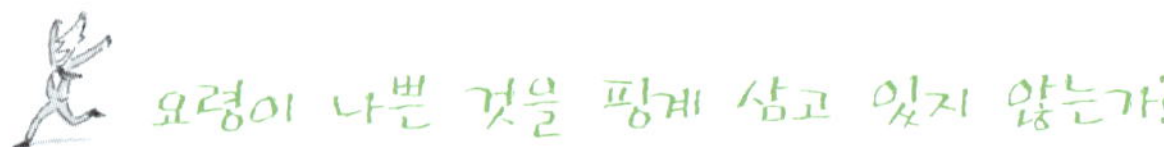

자신이 기대한 대로 일이 순조롭게 진행되지 않으면 그 원인이 무엇인지 생각하는데 대부분의 사람들은 그 원인을 자신의 요령이 나빠서라고 생각한다. 당신 역시 새로운 일을 시작하거나 어려운 목표를 향해 나아가고 있을 때 뜻대로 일이 진행되지 않아 이런 식으로 생각한 적은 없는가?

새로운 시도는 익숙하지 않으므로 서투른 것이 당연한데도 실패를 경험해 보지 못한 사람일수록 '실패는 있을 수 없다. 성공하는 것이 당연하다'고 생각한다. 그래서 스트레스를 받고 스스로를 합리화시키기 위해 '요령이 없다'고 결론짓는다.

그러나 새로운 일에 도전할 때는 가능하면 의식적으로라도 다소의 어려움은 당연하게 받아들이는 것이 좋다. 자신의 생각대로 일이 진행되지 않는다고 해서 요령 탓만 한다면 더 이상의 발전은 있을 수 없다.

일의 목적은 결과를 만들어 내는 것이지만 스스로 요령이 나쁘다고 생각하는 사람은 노력하는 것을 일의 목적으로 착각하기 쉽다. 노력은 목적을 달성하기 위한 수단이다. 수단을 목적으로 착각해서는 안 된다. 결과를 이루기 위한 수단의 우선순위가 낮아져서 집중할 수 없게 되기 때문이다.

지금까지 나는 '요령 좋은 사람들'을 꽤 많이 만나 보았다. 국가고시의 좁은 문을 뚫고 승리한 사람, 대기업의 입사시험을 통과한 사람, 업계 전문가를 상대로 한 프레젠테이션에서 높은 평가를 얻어 살아남는 사람, 해당 업계에서 일한 경험이 없는데도 계속해서 다른 업계로 전직하여 연봉과 지위 상승을 실현하는 사람 등 이루 헤아릴 수가 없다.

그러나 이들 중에서 스스로 "요령이 좋다."라고 말하는 사람은 없다. 오히려 "당신이 요령이 좋지 않으면 도

대체 누가 요령이 좋다는 말인가요?"라고 묻고 싶어지는 사람조차 "나는 요령이 좋지 못해서."라고 말한다. 겸손을 떠는 것이 아니라 그들은 정말 한결같이 그렇게 생각하고 있다.

높은 목표를 지향하는 사람들은 모두 하나같이 시행착오를 겪는다. 목표가 높으면 높을수록, 소망이 강하면 강할수록 자신의 현재 모습에서 답답함을 느낀다. 결과는 요령이 나쁘다고 포기할 것인지, 목표를 이루기 위해 대책을 강구할 것인지에 달려 있다.

곁에서 지켜보면 요령 좋게 일하는 사람들 중에는 '같은 일을 계속 반복하다 보면 잘 할 수 있겠지.'라는 느긋한 마음으로 초조해하지 않고 지속하는 동안 정말 능숙해진 이들이 많은 것 같다. 능숙한 솜씨로 하늘을 나는 항공사의 조종사들도 면허를 취득하기 위해 1,500시간이나 비행훈련을 받는다. 그래야 면허를 취득할 수 있고, 직업을 가질 수가 있다. 이처럼 시간과 경험은 반드시 필요하다는 사실을 인정하고, '때가 되면 잘 되겠지'라는 낙관적인 사고로 끈기 있게 밀고 나가야 한다. 요령은 그러한 시간을 통해 터득하는 것이다.

무슨 일을 하든지 '이해가 빠른 사람'은 분명히 있다.

 남보다 쉽고 빠르게 일하는 요령

인정하고 싶지 않지만 그것은 사실이다. 그렇다고 해서 '난 무슨 일을 해도 요령이 나빠.'라고 계속 생각하다 보면 정말 요령이 나빠질 수 있으므로 주의해야 한다. 어린아이에게 "넌 안 돼!"라는 말을 해서는 안 되는 것과 같은 이치다.

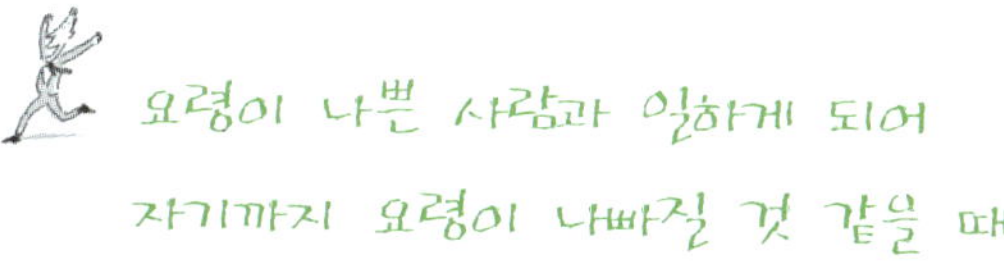

혼자서 점심을 먹고 있는데 한 지인이 말을 걸어왔다. "어떤 한 사람 때문에 좀처럼 일이 진행되질 않아."그는 지친 표정으로 불평을 늘어놓기 시작했다. 이야기를 들어 보니, 같은 팀원 중에서 요령이 나쁜 한 사람이 팀 전체의 발목을 붙잡고 있다고 한다. 그는 "본인에게 대놓고 말할 수 없기 때문에 더 짜증이 난다."라고 말했지만, 사실은 대놓고 말해도 소용이 없다는 것을 알고 있기 때문에 더욱 짜증이 나는 것일지도 모른다.

그는 그 요령 없는 동료에 대한 이야기를 대충 끝낸 다음, 그가 맡은 일을 끝낼 때까지 기다리는 동안 자신이 할 수 있는 일을 필사적으로 생각하는 중이라고 말한 뒤 언제든지 다음 단계로 넘어갈 수 있도록 준비하고 있다는 말도 덧붙였다. 재미있는 점은 자신처럼 그 요령이 없는 사람 때문에 고민하는 동료가 한 명 더 있는데, 그와 함께 의논하여 각자의 특기를 살리는 가장 좋은 방법을 모색하고 있다는 것이다. 그리고 미처 몰랐던 장점을 서로 발견할 수 있었다고 했다.

이와 같이 다른 사람 때문에 자신의 뜻대로 일을 컨트롤하지 못하고 기다려야 하는 경우가 자주 있다. 전체 마감시간을 바꿀 수 없을 때는 자신이 담당한 일을 할 수 있는 시간이 점점 짧아지기 때문에 어쩔 수 없이 요령 좋게 일하는 수밖에 없다.

그런데 그의 이야기를 듣고 한 가지 깨달은 바가 있었다. 그것은 그 요령이 나쁜 직원 한 명 때문에 두 명의 동료가 뒷감당을 하기 위해 각자 나름대로 요령 좋게 일하려고 노력하게 되었고, 더구나 서로 협력해야 할 필요성이 생겨 팀의 효율도 높아졌다는 사실이었다.

게다가 요령이 나쁘다고 짜증을 내는 동료의 이야기

 남보다 쉽고 빠르게 일하는 요령

를 듣게 된 나는 어떤 점이 그를 짜증나게 만들었는지 들고서 '혹시 나는?'이라는 생각으로 내 행동을 돌아보게 되었다. 그 한 사람 덕분에 적어도 세 사람의 요령이 좋아졌다고 말할 수 있다.

요령이 나쁜 사람과 함께 일을 하게 되더라도 그 상황을 한탄만 하고 수수방관해서는 안 된다. 생각에 따라 부정적인 요소가 전체를 좋은 방향으로 바꿀 수도 있기 때문이다. 적어도 당신이 현실을 바꾸려는 노력은 하지 않고 불만만 토로하는, 요령 나쁜 사람이 될 필요는 없다.

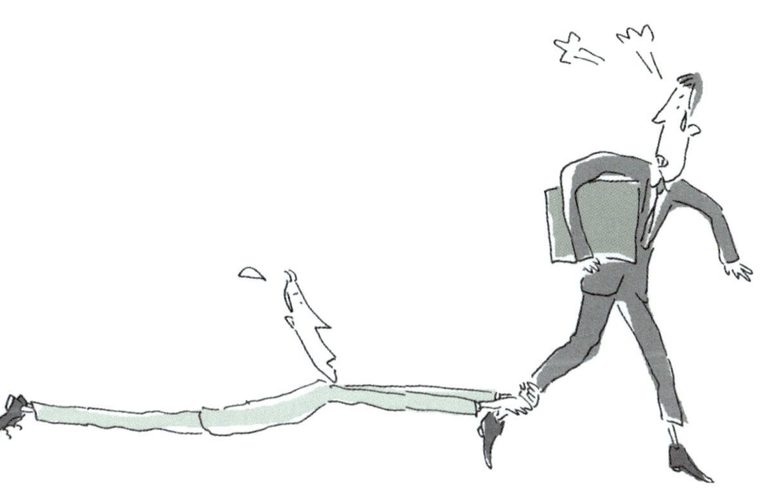

일하는 요령에 대해
알아 두어야 할 것

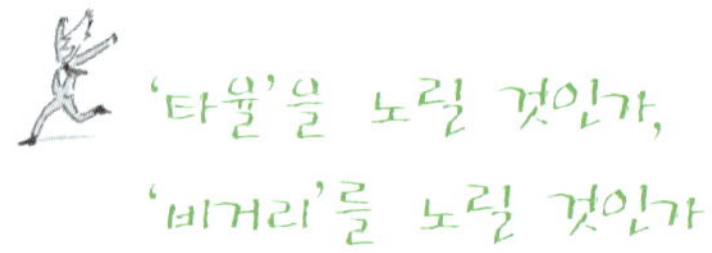

'타율'을 노릴 것인가, '비거리'를 노릴 것인가

조금만 신경을 쓰면 아주 순조롭게 일을 처리할 수 있는 경우가 있다. 또 아주 사소한 것이지만 당사자에게는 좀처럼 보이지 않는 일도 많다. 여기서는 그러한 주의 사항과 요령에 관한 기본적인 견해를 소개한다.

자신이 '타율'형 인간인지 '비거리'형 인간인지 정확히 알아 두자. 야구에 비유한다면 늘 안타를 치는 쪽인지 아니면 대타처럼 결정적인 순간에 홈런을 날리는 스타일인지를 말하는 것이다. 다시 말하면, 자신이 일하는 스타일이 '꼼꼼함'을 추구하는 쪽인지, 아니면 그다지 꼼꼼하지는 않지만 가끔 '신선한 충격'을 주는 쪽인지를 알아야 한다는 말이다.

물론 매사에 완벽하게 일하면서 간혹 신선한 충격을 주는 것이 가장 좋다. 그러나 처음부터 둘 다 노리기는 어렵다. 요령의 핵심은 1점 돌파, 즉 한 가지 일에 힘을 집중하고 나서 다음 일로 넘어가는 것이다. 어느 쪽이 자신이 노려야 할 노선인지를 일찍 결정하는 편이 좋다.

무슨 일이든 세밀한 부분까지 정확히 처리하는 사람이라면 '타율'(꼼꼼함)을, 대충대충 일하지만 대담한 발상이나 기획을 내놓는 사람이라면 '비거리'(신선한 충격)를 노려서 일하는 쪽이 더 좋다.

타율을 노리는 사람은 착실히 일을 진행하여 정확히 이루어 냄으로써 화려하지는 않아도 확실히 신뢰를 쌓아 나간다. 관리 계통에 종사하는 사람들은 이러한 사람들이 중심을 이룬다. 이른바 장인 유형의 사람들도 여기에 속한다.

반면 비거리를 노리는 사람은 새로운 일이나 큰 변화가 필요한 일을 잘 해냄으로써 조금 덜렁대도 필요한 인재로 평가받는다. 기획이나 영업 계통에 종사하는 사람들 대부분이 이러한 성향을 가진 이들이다.

자신이 타율형인지 비거리형인지 모르고 일하다 보면 서투른 일에 시간을 뺏겨 충분히 제 힘을 발휘하지 못한 채 시간이 흘러가 버릴지도 모른다.

새로 부서를 배치 받으면 일의 흐름을 자세히 가르쳐 주고 챙겨 주는 사람이 꼭 있다. 왜 그런지 모르지만 그런 사람들 중에는 정확하고 확실하게 일을 처리하는 타율형 여성이 많다. 나는 어느 쪽인가 하면 '비거리형'이다. 새로운 부서에 배치 받으면 그런 여직원이 여러 가지로 친절히 가르쳐 주고 이끌어 주지만 나는 듣자마자 그 자리에서 잊어버리고 만다.

"메모를 하면 되지."라고 말할 수 있지만 나는 어떤 일인지 그것이 잘 안 된다. 정해진 순서를 좀처럼 기억하지 못한다. 노력은 해보지만 집중력도 오래 가지 못하고 뜻대로 잘 되지 않는다. 하지만 일의 흐름에 관한 설명을 들으면 그보다 더 새롭고 재미있는 방법을 잘 생각해 낸다.

그래서 일하는 법을 크게 달리 해본다. 주위 사람들은 "처음에는 기본을 차근차근 숙지해야지."라고 말하며 난색을 표하지만, 나는 자신이 타율을 버는 유형이 아니라

 남보다 쉽고 빠르게 일하는 요령

는 점을 충분히 자각하고 있고 타율을 올리려고 하다 보면 나의 소질을 살릴 수 없다는 점을 잘 알고 있기 때문에 내 스타일대로 일한다. 그리고 그 점을 확실히 해두면 주위에서도 '이 사람은 어쩔 수 없다'고 생각한다. 그 다음은 자기 페이스대로 일하면 되는 것이다.

처음에는 실패도 해서 싸늘한 시선을 받을지도 모르지만 오직 '비거리'를 내는 일만 필사적으로 생각하기 때문에 때가 되면 반드시 효과는 나타난다.

미국 메이저리그의 신조 츠요시 선수가 인터뷰 중에 시애틀매리너스의 스즈키 이치로 선수와 비교 당했을 때 "기록은 이치로에게 맡기고 기억은 내게 맡겨 달라."라고 말하는 것을 보았다.

최고의 기록을 달성하는 사람만 기억에 남는 것이 아니라 우리의 뇌리에는 그렇지 않은 사람이 더 강하게 기억에 남을 때가 있다. 따라서 좋은 기록을 내서 기억에 남는 사람이 될지, 기억에 남을 만한 업적을 이뤄서 필연적으로 기록에 남을 수밖에 없는 사람이 될지를 결정해야 한다. 어떤 유형이 자신에게 맞는지 판단해서 미리 노선을 정해 두면 목표를 향해 나아가기가 한결 수월해지기 때문이다. 그리고 한쪽을 선택해서 밀고 나갈지를 결정했으면 다른 쪽에는 미련을 두지 말아야 한다. 그러한 맺고 끊기를 잘해야 좋은 성과를 낼 수 있다.

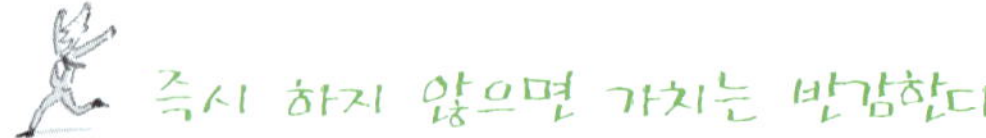
즉시 하지 않으면 가치는 반감한다

누군가 "일주일 정도면 할 수 있을까?"라는 말과 함께 일을 맡겼다고 하자. 중요하지 않은 일이라면 잠시 미루어 두어도 괜찮지만, '아, 이 일은 제대로 해줘야겠군.'이라고 생각했다면 즉시 끝내는 것이 좋은 평가를 얻는 요령이다.

'일주일 정도'라는 말을 했을 때 발주자는 그 일이 일주일에 끝날 것이라는 기대치를 설정한다. 그리고 일주일 후의 상황을 머릿속에 그려본다. 그런데 그 일을 반나절이면 정확히 끝낼 수 있다고 하자. 그렇다면 지금 당장 착수해서 오늘 안으로 "다 했습니다."라고 말하며 가져가라. 그러면 "상당히 빠르군. 놀라워." 하며 틀림없이 감탄할 것이다.

반면에 요청대로 일주일 후에 "다 했습니다."라고 가져가면 "아, 그거? 수고 했어."라는 한마디로 끝이다. 어쩌면 일을 부탁한 사실도 잊고 있을지 모른다. 애써 일

을 끝마쳤는데 "뭐야? 아, 내가 부탁했지."라는 말을 듣는다면 안타까운 일이다.

일에 드는 노력이 똑같다면 더 좋은 평가를 받을 수 있는 방법으로 일을 해야 한다. 일을 부탁하는 사람이 금방 결과가 돌아올 것을 기대하고 있지 않을 때일수록 빨리 끝내는 것이 좋은 평가로 이어지는 기회가 된다.

그 좋은 예가 이메일 답장이다. 요령이 좋은 사람일수록 답신을 빠르게 한다. '이렇게 급하게 답을 주지 않아도 되는데.'라고 생각한 사람일수록 더욱 고맙게 느낄 것이다.

그리고 즉시 일을 끝내면 또 다른 효과가 있다. '나중에 하자.'고 기억할 필요가 없다는 점이다. 메모해 둘 필요도 없고, 며칠 지난 뒤에 메일을 뒤지는 수고도 덜 수 있다. 바쁠 때는 다시 정보를 찾아내는 수고와 시간도 아까운 법이다. 즉시 일을 처리하면 이렇게 일석이조의 효과가 있다.

서투름은 감추고 장점을 살려라

정말 진지하게 생각한 다음 결정한 일이 아니라면, 서투른 분야는 극복하려고 하지 않는 편이 좋다. 자신 있는 분야에서 실력을 쌓는 것보다 훨씬 더 많은 시간을 요하므로 시간만 아까울 뿐이다.

단점을 의식한다는 말은 있어도 장점을 의식한다는 말은 없다. 사람은 자신의 장점을 의식하기보다는 단점에 신경을 쓰는 경우가 더 많다.

그러나 요령 있게 일하기를 원하고 자신이 계획하는 커리어 플랜을 실현하고 싶다면 특별한 이유가 없는 한 서투른 분야를 극복하겠다는 생각은 버리는 것이 좋다. 그보다는 자신 있는 분야에서 철저히 실력을 키우는 편

 남보다 쉽고 빠르게 일하는 요령

이 현명하다.

 그리고 평가는 상대를 감탄시키고 그의 주목을 끌고 신선한 충격을 줄 때 얻을 수 있다. 팔방미인처럼 여러 방면에 재주가 많은 것이 도리어 화가 되어 대성하지 못하는 사람은 요령이 나쁘기 때문에 그런 것이다.

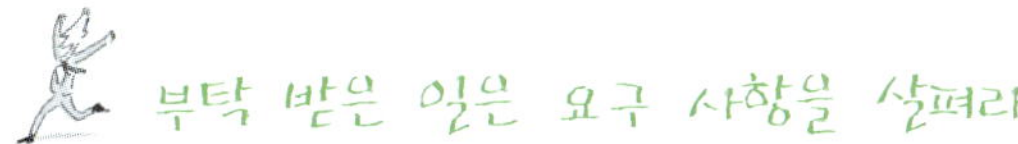

부탁 받은 일은 요구 사항을 살펴라

어떤 일을 부탁받았을 때는 우선 상대방이 자신에게 무엇을 기대하는지 생각해 보는 것이 좋다.

나는 개인적으로 대학원 유학 상담을 자주 받는 편이다. 미국에서 프로페셔널 스쿨이라고 불리는 수많은 전문 커리어교육 대학원은 입학원서를 제출할 때 추천장과 함께 에세이를 써 내야 한다. 에세이 주제는 대체로 어느 학교나 비슷한데, 자신의 경력과 커리어 플랜 그리고 커리어 플랜을 실현하는 데 그 학교의 교육이 얼마나 효과적이라고 생각하는지에 대한 것이다.

입학시험도 있기는 하지만 위에서 말한 프로페셔널 스

쿨은 시험점수에서 그다지 큰 차이가 나지 않기 때문에 에세이가 합격 여부를 판가름하는 중요한 기준이 된다.

에세이를 쓸 때 요령이 없는 학생들은 대학 시절에 공부한 내용과 경험한 것부터 쓰기 시작해서 시간 순으로 '그리고 다음에는', '2년 후에는'과 같은 식으로 나열하듯 끝까지 써내려 간다. 그리고 장황하게 자기소개를 한 다음 마지막에 자신의 장래 계획을 밝히고 그 계획을 달성하기 위해 그 학교에서 교육을 받으려고 한다는 내용으로 글을 마무리한다.

그러나 이런 식으로 에세이를 쓰면 합격하지 못한다. 예를 들어 어린아이에게 여름방학에 수영장에 갔던 일을 글로 쓰라고 하면, 아침에 일어나서 무엇을 했는지부터 쓰기 시작해서 엄마에게 이런 소리를 들었고, 동생이 준비가 늦어져서 짜증이 났고, 도중에 지하철에 사람이 많았다는 등등의 내용을 쓰고 마지막에 '수영장에서 아주 재미있게 놀았다.'라는 문장으로 끝을 맺는다. 아마 본인에게는 하루 종일 즐거운 기억뿐이었겠지만 읽는 사람이 기대하는 내용과는 좀 다르다. 에세이를 쓸 때도 이와 마찬가지 현상이 일어난다.

입시 에세이는 지원자가 그 학교 학생이 될 만한 장점

이 있는지 없는지를 판단하는 재료다. '합격'하려면 '나를 입학시켜 주면 이런 이익이 있다'는 점을 전달해야 하는데 그렇게 하려면 우선 중요한 것이 장래 계획이다.

대학은 학생의 미래는 도울 수 있어도 과거를 바꿀 수는 없다. 대학은 지원자가 무엇을 이루기 위해 그 학교의 교육을 받으려고 하는지, 대학이 정말 그가 기대하는 교육 서비스를 제공할 수 있는지, 지원자는 정말 자신을 정확히 이해하고 있고 자신이 말한 목표를 실현할 능력이 있는 사람인지 등의 관점에서 에세이를 평가한다. 지원자의 과거 경험은 참고는 하겠지만 지나간 일이므로 큰 흥미는 보이지 않는다.

일에서도 비슷한 경우가 많다. 요구하는 바가 무엇인지 정확히 전달하는 일은 관리직의 몫이지만, 관리직이 제 역할을 못할 때는 당신이 그 부분을 명확히 해야 한다. 상대의 시점에서 생각하는 일은 그렇게 쉽지 않다. 그러나 상대가 원하는 일, 기대하는 일이 무엇인지 조금이라도 의식하면서 일을 하면 인정받는 일도 훨씬 늘어난다.

요령이 나쁘다고 고민하는 것은 어떤 의미에서 행복한 고민이다. 예를 들어 돈 씀씀이가 헤픈 사람은 뒤집어 말하면 주머니 사정이 좋은 사람이고, 여자만 보면 치근덕거리는 사람은 여복이 많은 사람이다.

이런 논리로 보면 요령이 나쁜 사람은 낭비할 시간이 많은 사람이라고 할 수 있다. 제아무리 많은 돈이 있어도 살 수 없는 것이 '시간'이다. 그런 시간을 마음껏 쓸 수 있다니 행복한 일이다.

이 논리를 응용해 보면, 요령이 나쁘다고 고민하는 것은 생산성을 더 높이고 싶은 마음이 있기 때문이라고 할 수 있다. 다시 말해서 예정보다 시간이 많이 걸려서 괴로워하고 있는 것이다. 그렇다면 '시간'을 중심으로 일을 추진하면 될 것이다.

시험공부를 할 때 가장 집중 효과가 높은 것이 벼락치기 공부다. 시험 전날 밤 필사적으로 암기할 때가 시간당 효율이 가장 높다. 이것을 '마감 효과'라고 한다. 마감 시간이 정해져 있으면 정신을 집중하기 쉬워져 일이 잘 된다. 물론 단기 기억에 의존하는 암기 중심의 학습법이므로 장기적인 실력이 될지 어떨지는 별개 문제다.

미국의 대학에서 공부하는 많은 유학생들이 이와 비

슷한 상황을 경험하게 된다. 그곳에서는 엄청난 양의 자료를 읽고 내용을 전부 이해하고 있다는 전제 아래 수업이 진행된다. 수업시간에 말없이 듣기만 하면 의욕이 없는 학생으로 찍혀 평가도 낮아질 수밖에 없다. 하루에 외국어로 된 전문서적을 몇 권이나 읽어야 하고 리포트를 제출하기 위해 자료를 찾아 조사하고 정리도 해야 한다. 그룹 스터디도 많고, 사고와 가치관이 다른 외국인끼리 지혜를 짜내어 공동으로 완성해야 하는 작업도 있다.

거의 매일 벼락치기 공부를 해야 하는 상황이다. 과제를 제대로 하려면 시간이 아무리 많아도 모자라다. 물리적으로 불가능한 것이다. 그런데 언어가 서툴러도 좋은 성적으로 졸업하는 외국인 유학생은 생각 외로 많다. 그들은 언어가 부족하다고 해서 위축되기보다는 다른 분야에서 만회하려고 노력했기 때문이다.

예를 들면 자료는 제목과 목차만 읽고 전체 구성을 파악한 다음 그 중에서 관심이 가는 부분만 꼼꼼히 읽고 자신의 의견을 정리한다. 수업 시간에는 토론이 시작되기 전에 먼저 의견을 말한다. 일단 토론이 시작되면 남의 의견을 근거로 발표해야 하기 때문에 난이도가 올라간다. 이런 방법으로 자신의 수업 공헌도를 높일 수 있다.

수업시간에 제출하는 리포트는 어려운 주제를 다루지 말고 미국의 일반적인 이론과 고국의 이론을 서로 비교한다. 미국인들은 놀랄 만큼 외국 사정에 어둡기 때문에 외국의 일반적인 이론을 소개해도 '새로운 이론'이라고 평가하는 경우가 많다. 그리고 그룹 스터디는 자신 있는 분야를 "이렇게 하겠다."라고 선언한 뒤 흔들림 없이 진행한다. 다른 사람의 속도에 맞추겠다는 생각은 잘못이다. 맡은 일을 해오지 않거나 구차한 변명으로 전제 조건을 뒤집는 사람이 비일비재하기 때문에 일일이 상관하다 보면 일이 진행되지 않는다.

요컨대, 시간이 없으면 없는 대로 성과를 올리는 방법을 궁리하게 된다. 물론 모처럼 해외에 나갔으니 외국 친구들과 교류도 하고 폭넓은 지식도 쌓고 싶은 마음이 생기는 것이 당연하다. 하지만 첫 번째 목적은 학위 취득이다. 학위를 따지 못하면 외국인 친구가 늘어도 목적을 달성할 수는 없다. 그리고 학위를 따는 것 자체가 엄청난 노력이 필요한 일이기 때문에 수업에서 요구하는 최소한의 것을 해결하는 것이 고작이다. 그러나 시간이 한정되어 있다는 점 때문에 욕심내지 않고 한 가지 목표를 달성할 수 있다.

일반적으로 일을 추진하는 방법에서는 시간보다 차례를 우선한다. 이것을 끝내고 저것을 한다는 식이다. 시간이 충분할 때는 이 방법도 문제될 것이 없지만 시간당 생산성을 높이려고 생각한다면 차례보다는 시간을 우선하는 방법을 채용해야 한다. 즉 각각의 일에 걸리는 시간을 줄이는 것이다.

일의 생산성을 높이기 위해 적극적으로 줄여야 할 시간은 회의하는 시간, 메일 확인하고 답장 보내는 시간, 야근하는 시간이다. 이것은 대체로 시간을 헛되이 보내게 만드는 일들이다.

대개 회의시간은 한 시간 정도를 예정하는 경우가 많은데 이 시간을 45분으로 줄이자고 제안해 보는 것도 한 가지 방법이다. 원래 '한 시간'이라는 시간에는 아무런 근거가 없다. 대체로 지금까지 그렇게 해왔다는 이유밖에는 없다. 게다가 바쁜 사람은 회의 전후에 또 다른 회의가 있어서 5분이나 10분 늦게 시작하는 경우도 많으므로 실제로는 45분으로 해도 크게 지장은 없다. 그러나 15분이 짧아지면 준비하는 처지에서는 긴장하게 된다. 지금까지 1시간이라는 리듬이 몸에 배어 있어서 45분으로 단축하면 확인할 순서나 시간배분에 신경을 써야 하기 때문이다. 당신이 실제로 컨트롤할 수 있는 회의가 얼마나 되는지는 알 수 없지만 회의는 시간의 사용 방법을 개선할 수 있는 주요 대상 중의 하나다.

둘째는 메일이다. 메일로 질문을 받으면 아무래도 메일로 답장을 보내게 되지만 메일 대신 전화를 이용하는 방법도 생각해 보자. 메일은 장소와 시간에 구애받지 않고 의사를 전달할 수 있는 수단이라는 점에서 편리하지만, 어떤 내용은 전화로 대답하는 편이 빠른 경우가 있다. 또한 간단한 지도 같은 것은 말로 설명하거나 메일로 데이터를 보내는 것보다 손으로 그려서 팩스로 보내는 것이 더 빠를 수 있다. 이처럼 다른 커뮤니케이션 수단을 활용할 수 있는 가능성이 없는지 따져 보는 것도 시간을 아끼는 한 가지 방법이다.

셋째는 야근이다. 마감 전날 밤은 어쩌다 보면 밤늦게까지 남아서 일하게 되는 경우가 많은데 밤에 일하면 지치기도 하고 동료와 잡담하기도 쉬워서 효율적으로 시간을 사용하기 힘들다. 이때는 정시에 퇴근하고 아침 일찍 출근하는 방법을 생각해 볼 수 있다. 아침에는 머리

 남보다 쉽고 빠르게 일하는 *요령*

가 맑아서 집중력도 높아질 뿐만 아니라, 근무 시간 전이라 걸려 오는 전화도 없고 사람들도 적어서 방해도 덜 받게 되므로 일이 잘 된다. 내 경험에 비추어 보면 아침 일찍 일하면 밤에 일할 때보다 절반 가까운 시간에 일을 끝마칠 수 있다. 더구나 전날 밤 빨리 끝낼 수 있는 방법을 미리 생각해 둘 수도 있다.

물론 고객의 형편에 맞추어야 하는 서비스업에 종사한다면 뜻대로 시간을 조정하기가 어려울 수도 있지만, 어느 시간대에 무슨 일을 처리해야 가장 효율적인지 한 번 검토해 보는 것도 좋을 것이다.

완벽을 추구하기보다는 횟수로 승부하라

일은 완벽하게 하려고 하기보다 많이 하는 편이 빨리 숙달하는 방법이다. 물론 합격선에 도달할 만큼의 완성도는 달성해야 하지만 하루아침에 완벽한 결과를 내려고 하기보다는 조금씩 개선하면서 실력이 향상되고 있음을 보여 주는 편이 장기적으로 좋은 평가를 받을 수 있는 방법이다. 한꺼번에 혹은 단시간에 완벽하게 해낼 수 있는 일이라면 그 일의 가치는 그리 높지 않

265

다고 할 수 있다. 어깨의 힘을 빼고 핵심을 파악하자.

어느 직장에나 빈틈없이 일을 처리하는 사람이 꼭 있다. 자료 정리, 문서 양식, 프레젠테이션용 소프트웨어를 사용한 슬라이드 등 무엇이든 정확하고 깔끔하게 완성하는 사람을 보면 나에게는 없는 자질을 갖고 있어서 부러울 때도 있다. 하지만 그 일이 당신의 업무 가운데 일부일 뿐 전문 분야가 아니라면 너무 집착하는 것은 좋지 않다.

이는 디자인이나 문서 관리에만 국한된 이야기가 아니다. 예를 들어 어느 프로젝트 팀 전체가 출장을 가는데 모든 스케줄이 결정될 때까지 출장 일정을 전혀 가르쳐 주지 않는 코디네이터가 있다고 하자. 다른 팀원들은 방문지 외에 아무것도 모르기 때문에 현지에서 목적한 일 말고 다른 일정을 전혀 고려할 수 없다.

"지금까지 결정된 일이 A와 B이고, 아마 조금 있으면 C도 확인할 수 있을 겁니다. 그리고 이 시간도 스케줄을 잡고 있으니까 2, 3일 내에 알 수 있습니다."라고 말해 준다면 각자 나름대로 비는 시간을 활용할 수 있는데 그러지 못하는 것이다. 출장 가서 비는 시간에는 놀면 된다고 생각하는 것일까? 사소한 사전 준비나 현지 요인에

 남보다 쉽고 빠르게 일하는 요령

게 인사가는 일 등 노는 일 말고도 당연히 업무상 할 일은 만들면 얼마든지 있다. 이런 코디네이터는 팀의 요령을 고려하지 않는 사람이다.

이런 식으로 자신도 모르는 사이에 일의 흐름을 가로막고 있는 경우가 있는데 대부분 '조금만 더 조금만 더'하면서 완성도에 집착할 때 자주 일어난다.

처음부터 일을 완벽하게 끝내려고 하면 큰 노력이 필요하다. '대충' 끝내는 수준, 합격선을 넘기는 수준까지는 비교적 간단히 도달할 수 있지만 그 다음부터가 힘이든다. 세세한 부분까지 신경을 쓰기 시작하면 여러 가지 결점이 보이기 시작해서 '아, 잘 안 되네. 전부 다시 하자.'라고 생각할 수도 있다.

나는 집의 욕실 거울이 더러운 것 같아서 닦기 시작했다가 변기와 세면대까지 청소한 경험이 있다. 대부분 비슷한 경험이 있을 것이다. 청소 같은 가사일이라면 영향이 작지만 업무일 때는 당신을 기다리는 사람을 생각해야 한다. 당신이 완성도에 집착하는 동안 틀림없이 누군가가 당신의 일이 끝나기를 눈이 빠지게 기다리고 있다.

그리고 자신은 '100%' 완벽하게 끝냈다고 생각한 일

도 옆 사람은 50% 정도로밖에 봐주지 않을지도 모른
다. 본인도 자신이 이룬 결과에 100% 만족하기 어려운
데 객관적인 위치에서 평가한다면 아무리 열심히 한 일
도 모든 사람이 100%라고 인정하지는 않을 것이다. 게
다가 처음부터 완성도의 수준을 너무 높게 잡으면 주위
에서 그 정도를 처음부터 기대하게 되어 다음에 평가를
얻으려고 할 때 힘이 든다. 커리어는 장기전이므로 꾸
준히 결과를 만들어 내고 지속적으로 성장하고 있다는
인상을 줄 때 가장 좋은 평가를 받을 수 있다. 결과를
간단히 예측할 수 있다면 그 일은 진보가 없다는 증거
다.

완성도에 너무 집착하지 말자. 한 작업을 정성을 다해
완성하는 것도 중요하지만 우선
어느 정도 일정 수준의 작업을
많이 해내야 한다. 작품이 하나
뿐인 화가를 대가라고 하지 않는
것처럼 어느 정도 작품이 있어야
제대로 된 평가를
받을 수
있다.

50점이든 100점이든 작품이 많이 있어야 비로소 화가의
가치를 판단할 재료가 있다고 간주되는 것이다.

　주위에서 자신의 가치를 금방 인정해 주지 않는다고
전직하겠다는 사람에게도 똑같은 말을
해줄 수 있다. 상대가 당신의 가치를
인정하게 만들려면 우선 판단을 내릴
수 있을 만큼 많은 작품을
완성하는 노력이
선결되어야
한다.

불평을 하기 전에 먼저 개인전을 열 수 있을 정도의 작품 수, 즉 실적을 쌓아야 한다.

다시 한 번 말하지만 완성도를 높이기 위해 에너지를 지나치게 많이 사용해서는 안 된다. 시간을 너무 많이 투자해서도 안 된다. 당신의 에너지는 한정된 자원이라는 것을 명심하고, 실적의 '횟수'를 늘리는 데 집중적으로 사용해야 한다. 완벽을 추구하기보다는 횟수로 승부하는 것이 더 유리하다는 것을 알아야 한다.

남에게 너무 많이 기대하지 마라

사람은 알게 모르게 제삼자에게 기대를 건다. '이렇게 말하면 알아주겠지.', '그 사람이라면 잘 해줄 거야.'라고 생각한다. 또 상사는 '틀림없이 나를 이해해줄 거야.'라고 생각하는 사람도 많을 것이다.

남에게 기대하는 것은 각자의 자유지만 근거가 있는 기대인지

 남보다 쉽고 빠르게 일하는 요령

아닌지 정확히 해두지 않으면 생각한대로 일이 진행되지 않았을 때 뼈아픈 경험을 하게 된다. 아니, 대체로 그런 기대는 근거가 없는 경우가 많다. 상대가 자신과 똑같은 생각을 하고 있는 경우는 극히 드물고, 그런 기대를 전제로 비즈니스를 한다면 위험이 따를 뿐이다.

'아마 이렇게 생각하고 있을 거야.'라는 추측은 불확정 요소이며 자신이 컨트롤할 수 없는 조건이다. 유일하게 자신이 할 수 있는 일은 정말 그렇게 생각하고 있는지 어떤지 상대방에게 확인하는 일이다. 단 생각은 항상 변하게 마련이고 생각에 따라 행동도 달라진다는 사실을 알아야 한다. 나중에 "그렇게 말했잖아."라고 추궁해 보았자 "하지만 생각이 바뀌었어."라고 말하면 그것으로 끝이다. 무슨 일이 있어도 여기까지는 해내겠다는 마지노선을 정하고, 갑작스러운 변화에 대처할 수 있는 여지를 확보하는 방법을 늘 생각해야 한다.

남을 믿는 일은 위험하다. 하지만 혼자서는 일할 수 없기 때문에 그것은 어쩔 수 없이 감수해야 할 위험이기도 하다. 중요한 것은 언제든 갑작스런 변동에 대처할 준비를 하고 있어야 한다는 점이다. 즉 상대방을 믿기는 하되 전적으로 100% 신뢰해서는 안 된다는 뜻이다.

요령이 좋은 사람의
방법을 따라 하라

요령이 좋은 사람에게는 적극적으로 다가가자. 그들의 시점, 가치관, 행동이 자극이 되어 많은 것을 배우고 당신 자신의 성과도 높아질 것이다.

그럼 요령이 좋은 사람과 그렇지 않은 사람을 어떻게 구별할 수 있을까? 일을 척척 해내는 사람이 요령이 좋은 사람이고, 별로 일을 많이 하지 않거나 활동적이지 않은 사람은 요령이 나쁜 사람일까? 혹은 지시하는 방법이나 말하는 투로 그 사람의 요령이 좋은지 나쁜지 판단할 수 있을까?

내가 생각하는 요령이 좋은 사람의 이미지는 늘 한가해 보이는 사람보다는 시간을 효율적으로 사용하여, 경험을 쌓고 활약할 기회를 많이 얻는 사람이다.

"일은 바쁜 사람에게 부탁하라."는 말이 있다. 이 말에서도 알 수 있듯이 일은 바쁜 사람에게 집중된다. 마감이 빠듯한 일, 중요도가 높은 일일수록 바쁜 사람에게 모인다. 바쁜 사람은 시간을 오래 끌 수 없기 때문에 일의 핵심을 파악해서 하나씩 신속히 마무리 지어 나간다. 아무튼 닥치는 대로 처리한다.

다시 말해서 요령이 좋은 사람은 남들이 의지하는 사람이다. 단시간에 일을 끝내려고 할 때 "어떻게 하면 좋을까?"라고 물으면"이렇게 해보면 어떨까?"라고 방법을 가르쳐 주기도 한다. '그(그녀)라면 잘할 수 있을 거야.'라고 모두들 기대한다. 다른 사람에게 부탁하는 것보다 수고를 덜 수 있다는 사실을 모두 알고 있기 때문이다.

한편, "바쁘다, 바빠."라고 입버릇처럼 말하는 사람이 있다. 내가 아는 한 사람들은 그런 사람에게는 "아 그래? 힘들겠네."라고 위로는 할지언정 그를 믿고 의지하는 것 같지는 않다. '바쁜 사람'과 '바쁘다고 말하는 사람' 사이에는 아주 큰 차이가 있다.

당신의 주위에서는 어떤지 한번 둘러보기 바란다.

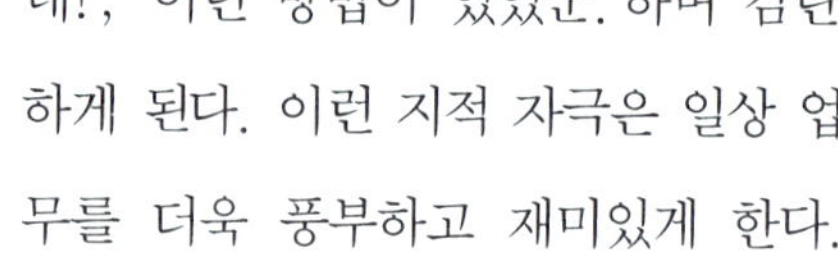

요령이 좋은 사람은 지적 자극이 충만하다

남이 일하는 모습을 지켜보면 자신이 미처 생각하지 못한 방법으로 일을 추진하는 것을 발견할 때가 있다. 그것은 워드나 액셀 같은 컴퓨터 소프트웨어에서 단축키를 사용하는 방법이나 데이터를 검색하는 방법 같은 컴퓨터 기술일 수도 있고, 뜻밖의 개인적인 인맥일 수도 있으며, 회의시간에 보여준 훌륭한 일의 진행방식일 수도 있다.

그런 발견을 했을 때 어쩐지 작은 선물이라도 받은 것처럼 기쁘지 않은가?

요령이 좋은 사람과 함께 일하면 늘 이런 자극을 받는다. 기존의 방식과는 다른 방법에 놀라며 '오, 그거 좋은데!', '이런 방법이 있었군.'하며 감탄하게 된다. 이런 지적 자극은 일상 업무를 더욱 풍부하고 재미있게 한다.

새로운 사실을 알게 되거나 발견하는 일은 살아 있다는, 성장하고 있다는 증거다. 어쩌면 이런 자극을 좇아서 사람들이 모이고 일이 몰리는 것인지도 모른다.

요령은 꾀가 아니라 기회를 붙잡는 창조력이다

남에게 일을 부탁할 때 사람들은 대부분 마감 시간만 정하고 맡겨 버린다. 사실은 최종 결과의 완성도도 중요한데 그 점은 별로 언급하지 않는다.

"이 일을 일주일 이내로 완성해 줬으면 좋겠어."

이런 지시는 애매모호하다. 일주일 후에 필요한지, 가능하면 당장이라도 끝내는 것이 좋은지, 아니면 일주일 정도면 기다릴 수 있다는 뜻인지 도무지 알 수 없다. 그리고 아주 중요한 일인지 아니면 적당히 해도 괜찮은 일인지, 평상시대로 하면 되는지 아니면 이번에는 좀 다른 형태의 결과를 원하는지도 알 수 없다.

그런데 사실은 그럴 때일수록 지시 방법이 헤서 폭이

크기 때문에 기회라고 볼 수 있다.   그 일은 딱 일주일 걸려서 완성해도 되고 하루 만에 끝내도 된다는 말이 된다. 따라서 금방 시작할지 아니면 뒤로 미룰지는 일을 맡은 사람이 판단하면 된다. 많은 사람들이 한가하지 않다면 아마 '일주일 여유가 있으니까 잠시 묵혀 두어도 괜찮겠지.'라고 생각하고 미루지 않을까? 분명히 그것도 한 가지 방법이다.

그런데 내가 아는 어떤 사람은 "지금 시장 상황이 매우 유동적으로 변하고 있어서 진단을 내려 봤자 쓸모없는 자료가 될 것 같은데 기한을 조금 연기하는 것이 더 현명하지 않을까요? 조금 더 지켜본 뒤에 총체적인 판단을 하는 것이 더 좋을 듯 합니다. 그리고 이 건은 지난번까지 모모 씨가 담당했기 때문에 그가 더 경향을 잘 파악하고 있어서 더 나은 결과를 만들어 낼 수 있을 것 같은데 어떻게 생각하세요?"라는 식으로 일주일치 일을 한마디 말로 때운다.

그를 두고 "요령이 좋네."라고 생각하는 사람도 있을 것이다. 혹은 이런 말로 일을 피하는 것이 '교활'하게 보일 수도 있고 '현명'하게 생각되는 사람도 있을 것이다. 당신이 어떻게 생각하든 이렇게 의문을 던져 자기 의사

 남보다 쉽고 빠르게 일하는 요령

를 표시하거나 대안을 제시하면서 반대의견을 말하는 일은 일상적인 업무처리에서 높은 평가를 받는 사람들이 무의식적으로 사용하는 기술이라고 할 수 있다.

중요한 것은 일하는 방법은 물론이며 지시를 받는 법이나 그 지시를 최종적으로 받아들일지 말지를 결정하는 것도 자신에게 달렸다는 점이다. 많은 사람들이 남의 말을 순순히 듣고 지시받은 대로 충실히 실행한 다음 "끝났습니다."라고 보고하는데 그 결과가 좋은 평가로 이어질지 어떨지는 별개 문제다.

일의 성과는 '잘 했다', '실력이 상당하다'라고 느끼게 만들어 상대의 기대치를 상회했을 때 좋은 평가를 받는다. 그리고 남이 시키는 대로 일을 처리하기보다는 대안을 제시하는 편이 높은 평가를 받을 때도 있다. 결국 자신이 맡은 일을 어떻게 처리할지는 즉석의 임기응변과 요령에 달렸다고 말할 수 있다.

요령은 요소를 구별하고 핵심을 파악하여 위기를 극복하는 것이라고 말했다. 엄청난 양의 일을 떠안고 모든 일을 균등하게 처리하다 보면 시간이 절대적으로 부족한 경우가 발생한다. 그러므로 일의 우선순위를 매길 필요가 있다.

일 중에는 그 성과에 따라 회사와 자기 자신의 평가에 큰 영향을 미치는 중요한 일이 있다. 그런 일은 '대충해서는 안 되겠다.'는 생각이 들 것이다. 아니, 대충하면 안 되겠다는 정도가 아니라 어떻게 해서든 좋은 평가를 받아야겠다고 생각할 것이다.

목표는 상대로 하여금 '오, 잘 하네!', '와, 대단한데!'라고 생각하게 만드는 것이다. 상사나 동료에게서 칭찬을 듣거나 '과연 ○○씨!'라는 말을 듣고 싫어할 사람은 없다. 오히려 '진지하게 임하는 일'일수록 그런 평가를 받을 수 있도록 주위 사람들을 놀래게 해주고 싶은 법이다.

반대로, 우선순위가 낮은 일은 수고를 덜어야 한다. 굳이 말하지 않아도 실제로 많은 사람들이 그렇게 하고 있을 것이다. 중요한 일과 마찬가지로 우선순위가 낮은 일도 정확히 구별해야 한다. 그러나 우선순위가 낮은 일일지라도 일단 하기로 마음먹었다면 '엉터리'로 한다는 말은 듣지 않도록 해야 한다. 결코 적당히 하는 느낌을 주어서는 안 되므로 냉정히 판단해서 적절한 결과물을 보여야 한다. 그러니 끊임없이 생각하고 연구해야만 한다.

그러고 보면 요령은 연구이며 창조력이라고 할 수 있다. 당신의 주위 사람들은 당신의 '일'이라는 '작품'에 늘

주목한다. 창조력을 마음껏 발휘하여 그들을 깜짝 놀라
게 만들면 좋은 평가가 쏟아지고, 그 결과 더 큰 기회를
얻게 되는 것을 아닐까?